Deutschbuch

Arbeitsheft

5

Neue Ausgabe

Arbeitstechniken
Texte schreiben
Rechtschreibung
Grammatik
Lesetraining
Lernstand testen

Herausgegeben von
Cordula Grunow und Bernd Schurf

Erarbeitet von
Jan Diehm, Cordula Grunow,
Angela Mielke, Vera Potthast,
Irmgard Schick und Andrea Wagener

Inhaltsverzeichnis

ARBEITSTECHNIKEN

Arbeitstechniken und Methoden
Hausaufgaben gut organisieren 3
Das Heft gestalten 7

SPRECHEN · ZUHÖREN · SCHREIBEN

Erzählen 8
Aufbau einer Erzählung 8
Eine Bildergeschichte ausgestalten 10

Tiere beschreiben 14

NACHDENKEN ÜBER SPRACHE · NACHDENKEN ÜBER SPRACHE · NACHDENKEN ÜBER SPRACHE · NACHDENKEN ÜBER SPRACHE · NACHDENKEN ÜBER SPRACHE

Grammatik

Wortarten 16
Nomen 16
   Merkmale von Nomen 16
   Bestimmter und unbestimmter Artikel ... 17
   Genus und Numerus 18
   Kasus 19
Adjektive 20
   Merkmale von Adjektiven 20
   Adjektivdeklination 20
   Steigerung 21
Pronomen 22
Präpositionen 24
Verben 25
   Konjugation 25
   Imperativ 26
Tempus des Verbs 28
   Präsens 28
   Futur 29
   Präteritum 30
   Perfekt und Plusquamperfekt 31
   ■ TESTE DICH! –
     Konjugation von Verben 32

Satzarten 33
Satzglieder 34
   Umstellprobe 34
   Ersatzprobe 35
Das Prädikat 36
Das Subjekt 38
Die Objekte 39
Adverbiale Bestimmungen 40
   ■ TESTE DICH! –
     Satzglieder 41

Satzgefüge 42
Satzreihe 44

NACHDENKEN ÜBER SPRACHE · NACHDENKEN ÜBER SPRACHE · NACHDENKEN ÜBER SPRACHE

Rechtschreibung

Tipps zum Rechtschreiben 45
Richtiges Abschreiben 45
Rechtschreibproben anwenden 46
Die Silbentrennung 49
Das Alphabet 50
Groß- und Kleinschreibung 51
Satzanfänge und Nomen 51
Nomenendungen 53
Anredepronomen 54
Diktate üben 55
Kurze Vokale 56
Doppelkonsonanten 56
ch/ng/sch 57
   ■ TESTE DICH! –
     Schreibung nach kurzem Vokal 58

tz/ck 59
Fremdwörter mit einfachem k und kk 62
Lange Vokale 63
Dehnungs-h 63
Silbenöffnendes h 66
Doppelvokale 67
Langes i 69
s-Laut 72
Stimmhafter/stimmloser s-Laut 72
s oder ß 73
ss 74
ss/ß in einer Wortfamilie 75
Nomen auf -nis und Fremdwörter 76
   ■ TESTE DICH! –
     Schreibung des s-Lauts 77

st/sp/sch 79
x/chs/ks/cks/gs 80

Zeichensetzung
Das Komma bei Aufzählungen 81
Wörtliche Rede 82

LESEN · UMGANG MIT TEXTEN

Vorlesetraining 83
Einen Sachtext lesen und verstehen 85
Sinnabschnitte und Schlüsselwörter 85
Tabellen und Abbildungen 87

TESTE DICH!

Ich teste meinen Lernstand 90
■ DEN TEXT VERSTEHEN 91
■ GRAMMATIK 92
■ RECHTSCHREIBUNG 93
■ EINE GESCHICHTE SCHREIBEN 94

Du kannst dieses Arbeitsheft auch bei der **Freiarbeit** verwenden. Mit dem **Lösungsheft** kannst du deine Lernergebnisse selbst überprüfen.

☆ *Aufgaben mit erhöhtem Schwierigkeitsgrad*

Hausaufgaben gut organisieren

Den Arbeitsbereich einrichten

1 *Kreuze in der rechten Spalte die Sätze oder Satzteile an, die in die Lücken gehören.*

So wie ein Läufer seinen Startblock präzise einstellt und alles Hinderliche entfernt, kannst auch du deinen Arbeitsbereich sinnvoll einrichten und eine angenehme Lernumgebung gestalten. Der Schreibtisch steht am besten w, damit genügend Licht darauf fällt und deine Augen sich nicht quälen müssen. Ein Regal x ist auch praktisch, da du dort deine y griffbereit ablegen kannst. Vielleicht lässt sich die Arbeitsecke auch vom Freizeitbereich abtrennen, damit du nicht auf Dinge schaust, die dich ablenken könnten. z Spielzeug, Computerspiele, Musik, Kälte oder Wärme usw.

w: ☐ in einer dunklen Ecke
☐ am Fenster
☐ neben dem Kleiderschrank

x: ☐ neben dem Bett
☐ neben dem Schreibtisch
☐ neben dem Fernseher

y: ☐ Nachschlagewerke, Schulbücher und Arbeitshefte nach Fächern geordnet
☐ Comics, Lieblings-CDs und Kartenspiele nach Themen geordnet
☐ Pullover, T-Shirts oder Strümpfe nach Farben geordnet

z: ☐ Folgende Dinge solltest du griffbereit in deiner Nähe haben:
☐ Folgende Faktoren stellen eine Bereicherung deiner Lernumwelt dar:
☐ Folgende Störfaktoren solltest du vermeiden:

2 *Richte deinen Arbeitsbereich ein. Ordne deine Möbelstücke so, dass du ideale Lernbedingungen hast.*

Die Zeit planen

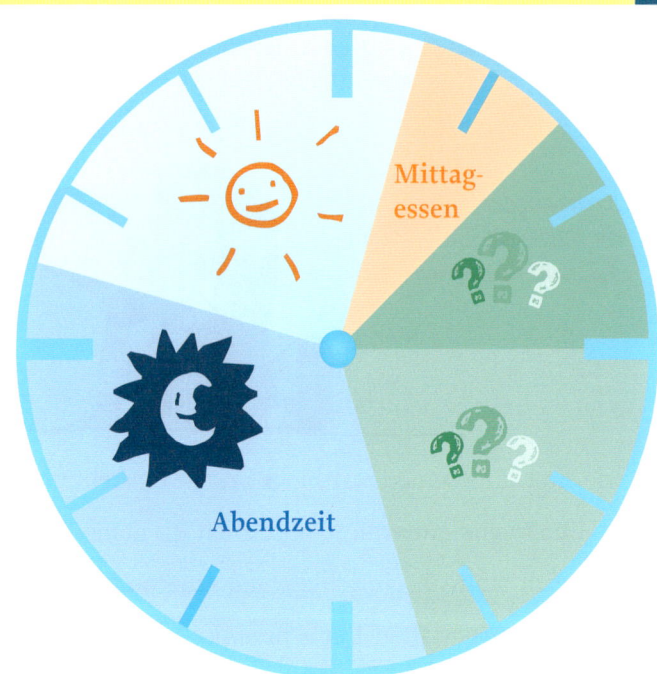

Viele Stunden eines Tagesablaufs sind festgelegt, z. B. Frühstück, Schulvormittag, Mittagessen und die Schlafenszeit. Die Hausaufgaben stehen zwar auch fest, aber wie du sie bewältigst, wann, wie schnell und wie erfolgreich du sie machst, hängt von deiner eigenen Zeitplanung ab. So wie eine Sportlerin oder ein Sportler seinen Trainingsplan aufstellt, kannst auch du deine Hausaufgabenzeit selbst planen.

Übrigens: Wenn Hausaufgaben sehr ermüdend sind und trotz aller Anstrengung nichts hängen bleibt, dann hast du vielleicht einen Fehler in der Planung gemacht.

Nach dem Mittagessen braucht der Körper alle Energie für den Magen. Diese Energie fehlt dir dann für Kopfarbeit. Es ist deshalb sinnvoll, nach dem Mittagessen eine kleine Erholungspause einzulegen (z. B. Musik hören, spazieren gehen oder ein Nickerchen machen). Danach haben Körper und Geist wieder genügend Energie für die Hausaufgaben.

3 *Welche Aktivitäten lassen sich in die grün gekennzeichneten Tageszeiten legen?*

13:30 – 15:00 Uhr: _____

15:00 – 17:30 Uhr: _____

4 *Überlege, wie du den Nachmittag optimal gestalten kannst. Lege die für dich günstigste Hausaufgabenzeit fest. Wann machst du Pausen, wann ist Freizeit? Trage alles mit genauen Zeitangaben in die Skizze ein.*

_____

_____

_____

_____

_____

5 *Vervollständige die Tipps zur Zeitplanung deiner Hausaufgaben:*

☐ Lege nach dem Mittagessen eine _____ ein.

☐ Lerne nicht in den _____, denn dein Körper stellt sich schon

auf das _____ ein.

☐ Mache deine Hausaufgaben zu möglichst _____.

Die Arbeitsphasen und Pausen festlegen

> **TIPP**
>
> Eine gute Arbeitsplanung berücksichtigt, dass du Arbeitsphasen in kleinere Portionen einteilst und die Hausaufgaben mit den leichten Aufgaben beginnst. Lass auf die leichtere eine schwierigere Aufgabe folgen und lege Pausen zwischen den einzelnen Arbeitsphasen ein.

6 *Setze in die Textlücken die passenden Wendungen ein.*

mit deinem Lieblingsfach　*in Portionen einteilen*　*zum Weiterarbeiten*

den leichtesten Aufgaben　*wächst dein Selbstvertrauen*

Allzu viel ist ungesund …

Wenn der Berg von Hausaufgaben dir unüberwindlich erscheint und dich entmutigt, solltest du deine Aufgaben

_____, die

30 Minuten nicht überschreiten. Eine lange Lernphase von einer Stunde kannst du in drei Portionen à 20 Minuten einteilen. Wenn du eine „Portion" erfolgreich bewältigt hast, dann spornt dich das _____

_____ an.

Am besten beginnst du mit _____

_____, um dich sozusagen wie ein

Sportler „aufzuwärmen". Wenn du dich dann etwas eingearbeitet und die Aufgaben schnell erledigt hast, dann

_____.

Und mit diesem Selbstvertrauen gehen dir dann auch die schwierigen Aufgaben leichter von der Hand.

Sinnvoll ist auch, wenn du _____ beginnst und der Spaß

daran dich zu weiteren Aufgaben ermuntert.

7 *Vervollständige die Tipps zur Reihenfolge deiner Hausaufgaben.*

☐ Teile deine Hausaufgaben in _____ ein.

☐ Beginne zum „Aufwärmen" mit den _____.

☐ Der Beginn mit dem _____ ermuntert dich zu weiteren Aufgaben.

8 *Ordne den Empfehlungen die richtigen Begründungen zu.*

Empfehlungen:

1. Wechsle nach einer gewissen Zeit schwierige Aufgaben mit leichteren ab. .... **1** ☐

2. Lerne nicht verschiedene Sprachen hintereinander. .... **2** ☐

3. Wechsle zwischen schriftlichen und mündlichen Aufgabenformen. .... **3** ☐

4. Lege je nach Schwierigkeitsgrad deiner Hausaufgaben spätestens nach einer halben Stunde eine Pause von ca. fünf Minuten ein, nach einer Stunde dann eine zwanzigminütige Pause. .... **4** ☐

5. Öffne zwischendurch das Fenster und lasse frische Luft herein. .... **5** ☐

6. Vermeide Fernsehen und Computerspiele in den Pausen. .... **6** ☐

Begründungen:

a) Wenn du die schriftlichen Aufgaben im Block erledigst, bist du schnell erschöpft und vernachlässigst dann die mündlichen Aufgaben.

b) Sportliche Hochleistungen lassen sich nicht lange aufrechterhalten. Das gilt auch für schwierige Hausaufgaben.

c) Wenn man verschiedene Sprachen hintereinander lernt, verwechselt man sie leicht und nichts bleibt richtig hängen.

d) Anstrengende Tätigkeiten in den Pausen, die hohe Aufmerksamkeit erfordern, ermüden leicht und verlängern die Hausaufgaben.

e) Auch für das Gehirn ist frische Luft eine Erholung.

f) So wie Sportler nicht unablässig „auf Hochtouren laufen", damit ihnen nicht die Puste ausgeht, so können auch Hausaufgaben nicht durchgehend ohne Pause erledigt werden.

9 *Bringe die Hausaufgaben in eine sinnvolle Reihenfolge und berücksichtige die obigen Empfehlungen.*

Aufgaben für Dienstag:
1. Englisch: Vokabeln lernen
2. Geschichte: Daten auswendig lernen
3. Deutsch: Erzählung schreiben
4. Mathe: S.5, Aufgabe 3–6
5. Erdkunde: Hauptstädte aufschreiben

Deine Reihenfolge:

1. _____

2. _____

3. _____

4. _____

5. _____

10 *Bei diesen beiden Tipps zur Planung deiner Hausaufgaben sind die Inhalte versehentlich vertauscht worden. Formuliere sie richtig.*

Lege anstrengende Tätigkeiten ein, um dich zu erholen.

Vermeide Pausen, um nicht in den Pausen zu ermüden.

_____   _____

_____   _____

Das Heft gestalten

Linke Heftseite (handschriftlich):

Europäische Zeitalter. Vor dem 15. Jh. gab es Vverschiedene Zeitrechnungen. In ägyptischen Quellen z. B. findet man die Angabe „Im 23. Jahr des Pharaos Thutmosis III.". Die Römer zählten die Jahre „nach Gründung der Stadt Rom" (nach heutiger Zeitrechnung 753 vor Christi Geburt).

Die islamische Zeitrechnung beginnt mit der Auswanderung Mohammeds nach Medina (622 n. Chr.) und gilt auch heute noch. Die Historiker der Neuzeit in Europa haben die gesamte Geschichte in 3 Zeitalter eingeteilt, um ein bisschen Ordnung zu schaffen. Das Zeitalter von den ältesten Aufzeichnungen bis zum Ende des Römischen Reiches nennt man seitdem Antike. Von da an bis zur Entdeckung Amerikas durch Kolumbus spricht man vom Mittelalter. Die Zeit danach wird Neuzeit genannt.

Rechte Heftseite:

Europäische Zeitalter   15.10.2006

Vor dem 15. Jahrhundert gab es verschiedene Zeitrechnungen.

In ägyptischen Quellen z.B. findet man die Angabe „Im 23. Jahr des Pharaos Thutmosis III.".
Die Römer zählten die Jahre „nach Gründung der Stadt Rom" (nach heutiger Zeitrechnung 753 vor Christi Geburt).

Die islamische Zeitrechnung beginnt mit der Auswanderung Mohammeds nach Medina (622 n. Chr.) und gilt auch heute noch.

Die Historiker der Neuzeit in Europa haben die gesamte Geschichte in drei ZEITALTER eingeteilt, um ein bisschen Ordnung zu schaffen.

- Das Zeitalter von den ältesten Aufzeichnungen bis zum Ende des Römischen Reiches nennt man seitdem Antike.
- Von da an bis zur Entdeckung Amerikas durch Kolumbus spricht man vom Mittelalter.
- Die Zeit danach wird Neuzeit genannt.

1 *Vergleiche die beiden Hefteinträge. Wodurch wirkt die rechte Heftseite übersichtlich und ordentlich?*

_____

_____

2 *Vervollständige die Tipps für eine übersichtliche Heftgestaltung.*

☐ Lass rechts oder links einen breiten _____ frei.

☐ Schreibe das _____ oben rechts an den Rand.

☐ Versieh deinen Eintrag mit einer _____.

☐ Mache _____, wenn ein Gedanke sich zu einem Abschnitt zusammenfassen lässt.

☐ Hebe wesentliche Angaben durch _____ oder _____ Unterstreichungen hervor.

☐ Schreibe wichtige Wörter oder Aussagen mit _____ Stiften oder _____.

Erzählen

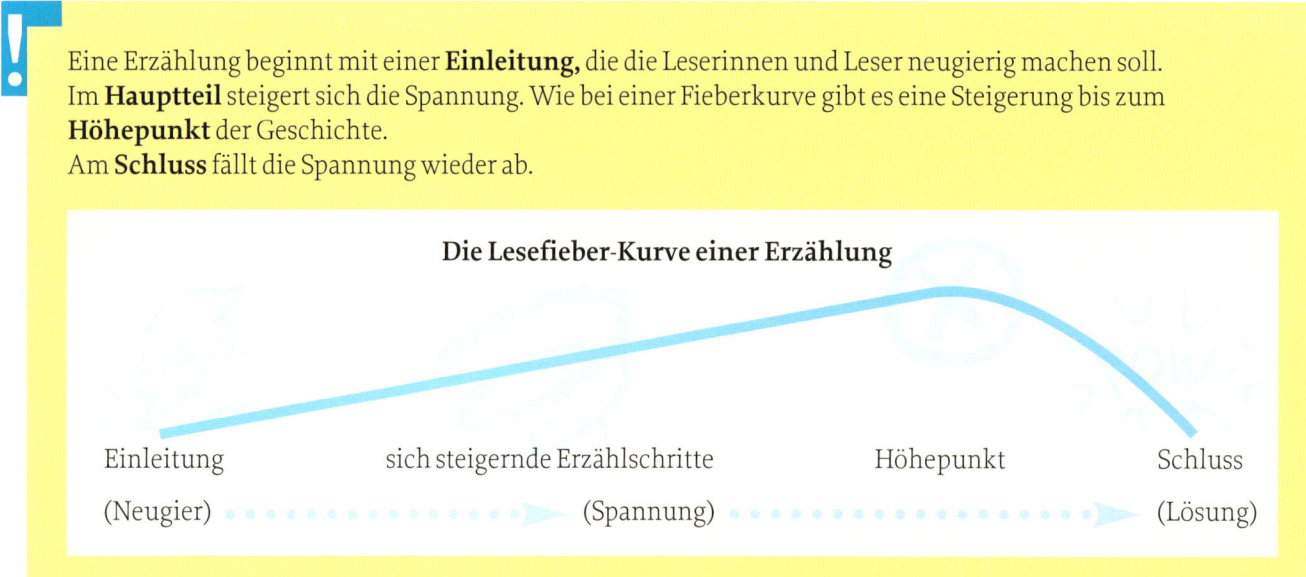

Eine Erzählung beginnt mit einer **Einleitung,** die die Leserinnen und Leser neugierig machen soll. Im **Hauptteil** steigert sich die Spannung. Wie bei einer Fieberkurve gibt es eine Steigerung bis zum **Höhepunkt** der Geschichte.
Am **Schluss** fällt die Spannung wieder ab.

Die Lesefieber-Kurve einer Erzählung

Einleitung	sich steigernde Erzählschritte	Höhepunkt	Schluss
(Neugier)	(Spannung)		(Lösung)

Urlaub in den Bergen

Urlaub in den Bergen mit meinen Eltern ist eigentlich jedes Jahr abenteuerlich. Die Bergtour zur Almspitz dieses Jahr sollte aber alles Bisherige in den Schatten stellen. Dabei fing es fast langweilig an. Bei schönstem Wetter ging

5 es einen recht breiten Pfad aufwärts. Meine Schwester fing schon an zu jammern und meinen Bruder und mich zu ärgern, weil nichts passierte. Sie konnte ja zu diesem Zeitpunkt nicht ahnen, wie die Wanderung noch enden würde. Bald kamen wir aber in felsiges Gelände, meine

10 Eltern teilten die Brustgeschirre aus, nahmen uns ans Seil und das Klettern ging los. Es wurde immer steiler und ich hatte richtig Mühe, sichere Tritte zu finden. Nach zwei Stunden waren wir ziemlich erschöpft, aber dem Gipfel nah. Da plötzlich hatten wir Aussicht auf die andere Seite

15 des Tales. Was wir sahen, verschlug uns den Atem: Dicke Gewitterwolken türmten sich direkt hinter dem Gipfel auf. Und schon hörte man den ersten Donner grollen. Wir wussten alle, dass ein Gewitter hoch oben in den Bergen lebensgefährlich ist. Wir durften keine Minute verlieren

20 und begannen direkt mit dem Abstieg. Da donnerte es schon wieder, diesmal schon deutlich lauter. Mein kleiner Bruder jammerte, weil er mit seinen kurzen Beinen

Mühe hatte, bei unserem Tempo mitzuhalten. Plötzlich kam ein starker Wind auf, der sehr kalte Luft brachte. Wir hätten gerne unsere Jacken angezogen, aber unsere 25 Eltern hielten uns zum Weitergehen an. Ein Blitz zuckte

am Himmel, direkt danach krachte ein Donner nieder. Mir wurde immer mulmiger. Hoffentlich würden wir heil unten ankommen. Kurz darauf fielen die ersten dicken
30 Regentropfen. Und schon wieder Blitz und Donner. Ich zuckte vor Schreck zusammen und rutschte fast ab. Jetzt regnete es in Strömen und es wurde immer schwieriger, noch einen festen Tritt zu finden, denn wir waren immer noch mitten im Fels. „Sollen wir uns nicht unter einem
35 Fels unterstellen?", rief meine Mutter. „Auf keinen Fall", hörte ich meinen Vater von hinten, „unser Weg wird sich in einer halben Stunde in einen reißenden Bach verwandelt haben. Wir müssen weiter." Da rutschte mein Bruder ab. Er schrie laut auf, er hatte sich wohl am Fels gestoßen.
40 „Ich geh nicht mehr weiter", jammerte er kläglich. Aber wir hatten keine Wahl. Es goss wie aus Kübeln, Blitze zuckten jetzt ständig am Himmel, gefolgt von ohrenbetäubendem Donner. Ich hatte ganz weiche Knie vor Angst. Das Wasser schoss auf dem Pfad herunter, ich hielt meine Mutter krampfhaft fest, weil ich Angst hatte, mit- 45 gerissen zu werden. Wo ich hintrat, sah ich ohnehin nicht mehr, ich stolperte irgendwie weiter. Schon wieder ein Blitz direkt neben uns und ein Donner, der mir fast das Trommelfell zerriss. Da endlich sahen wir eine Hütte. Mit letzter Kraft und völlig durchnässt kamen wir dort an. Die 50 Wirtsleute empfingen uns mit großen Augen, wir sahen wohl ziemlich mitgenommen aus. Nachdem wir uns umgezogen hatten, spendierten sie uns eine heiße Suppe, die wir glücklich aßen. Wir hatten es noch einmal geschafft.

1 *Verdeutliche die Lesefieber-Kurve dieser Geschichte mit Farben.
Markiere die Einleitung gelb, die ansteigende Spannung orange, den Höhepunkt rot und den Schluss wieder gelb.*

TIPP

Die Einleitung einer Erzählung macht besonders neugierig, wenn die Schreiberin oder der Schreiber Schlingen auslegt, um die Leser zu fesseln.
Solche Schlingen bestehen z. B. darin,
☐ nie gleich zu verraten, wie die Geschichte ausgeht,
☐ von einer harmlosen Situation zu erzählen, die auf einmal gefährlich erscheint,
☐ unerwartete Ereignisse durch Vorausdeutungen anzukündigen,
☐ eine falsche Fährte zu legen.

2 *Suche in der Einleitung der Geschichte nach Schlingen, die die Leserinnen und Leser fesseln.
Unterstreiche sie im Text.*

TIPP

Am **Schluss** einer Erzählung löst sich die Spannung, die Lesefieber-Kurve sinkt.
Man kann z. B.
☐ die Geschichte ausklingen lassen,
☐ auf den Anfang zurückgreifen,
☐ einen weiteren Denkanstoß geben.

3 *Die Erzählerin der Geschichte „Urlaub in den Bergen" hat am Schluss*

☐ *auf die Einleitung zurückgegriffen*　　☐ *einen weiteren Denkanstoß gegeben*　　☐ *die Geschichte ausklingen lassen*

Kreuze die richtige Aussage an.

☆ **4** *Wähle eine andere Möglichkeit, den Schluss zu gestalten.
Schreibe den neuen Schluss in dein Heft.*

5 *Nummeriere die Bilder. Es soll sich eine sinnvolle Handlung ergeben. Trage die Ziffern in die Kästchen ein.*

6 *Schreibe die **Einleitung** der Geschichte so, dass die Leserinnen und Leser neugierig darauf werden, wie es weitergeht. Lies dir dafür noch mal den Tipp auf Seite 9 durch.*

7 a) *Was haben die Kinder zueinander gesagt, als Tina die Mauer hochgeklettert ist?*
Fülle die Sprechblasen aus.

b) *Stell dir vor, wie das Gespräch weitergeht. Was könnten Luis und Tina noch zueinander gesagt haben, bis schließlich der kleine Dackel zu sehen war? Schreibe einen Dialog in dein Heft.*

8 *Tina hat, während sie über die Mauer geklettert ist, ganz genau auf alle Geräusche gehört und alles beobachtet. Sammle, was ihr Ohr alles gehört und ihr Auge alles gesehen hat, um deine Geschichte spannungsreich zu gestalten.*

9 *Jede interessante Geschichte braucht ausdrucksstarke Verben. Das hat die Erzählerin im folgenden Textausschnitt leider vergessen. Verbessere die Sätze, indem du die blassen Verben durchstreichst und am Rand durch ausdrucksstarke Verben ersetzt. Vermeide Wiederholungen.*

„Ich kann immer noch nichts sehen", sagte Tina und ging ein Stückchen   *flüsterte*

höher. Luis wollte ihr gerade sagen, dass er auch nichts hörte und der Hund

sicherlich gar nicht zu Hause sei, als plötzlich ein Schuh an ihm vorbeikam.

Hatte Tina ihn beim Klettern verloren oder hatte sie ihn absichtlich aus-

gezogen? Sie sagte nichts, sondern machte einfach

weiter. Luis sagte: „Soll ich dir den Schuh wieder

hochtun?" Tina sagte gar nichts. Luis sah, wie sie

mühsam einen Fuß in eine kleine Ritze tat, um sich

dann mit den Armen bis nach oben zu ziehen.

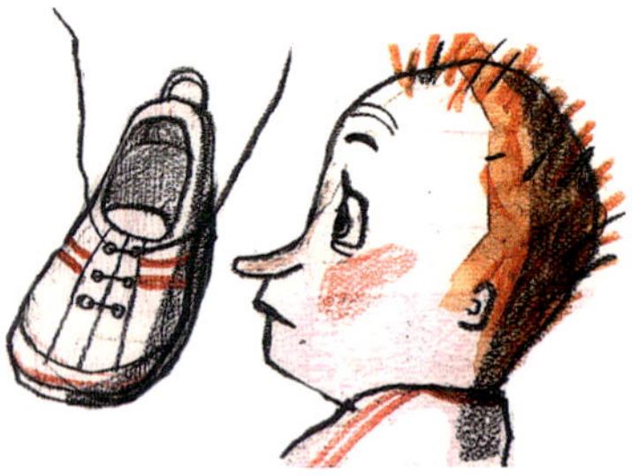

TIPP

Eine Geschichte wird besonders spannend, wenn die Erzählerin oder der Erzähler auch beschreibt, was in den Personen vor sich geht, was sie denken und fühlen. Man nennt das **die innere Handlung.**

10 *Während Tina über die Mauer klettert, muss Luis unten warten. Dabei hat er unterschiedliche Gefühle. Schreibe verschiedene Möglichkeiten auf, diese Gefühle anschaulich auszudrücken.*

Er kaute nervös an den Fingernägeln.

Er hatte Angst um Tina.

Ihm stockte der Atem.

Er erschrak.

Er war erleichtert.

11 *Fülle die Lücken mit den passenden Satzanfängen.*

Aber   Also   Nun

Da   Schließlich

Endlich   Sogleich

Sofort   Daher

Unterdessen   Denn

_____ sprang ein kleiner Dackel auf mich zu. _____ wusste ich, dass keine Gefahr

drohte, und war sehr erleichtert. _____ dieser kleine Hund konnte mir wirklich nichts anhaben.

_____ packte ich unseren Ball und machte mich auf den Rückweg. _____ fing der

Dackel wieder an zu kläffen, er wollte wohl mit mir spielen. _____ ich wollte doch lieber möglichst

schnell aus dem fremden Garten verschwinden. _____ warf ich den Ball in hohem Bogen über die

Mauer. _____ hörte ich von der anderen Seite einen Jubelschrei, Luis hatte den Ball also wieder.

_____ suchte ich nach einem geeigneten Tritt in der Mauer. _____ musste ja nicht nur

der Ball, sondern auch ich wieder nach draußen gelangen. _____ war ich oben angekommen, und mit

Luis' Hilfe stand ich wenig später wieder auf unserer Fußballwiese.

12 *Erzähle nun die ganze Geschichte von Tina und Luis spannend und anschaulich mit den Mitteln, die du auf S. 10–13 geübt hast. Achte auch darauf, treffende Adjektive zu verwenden. Schreibe die Geschichte in der Ich-Form in dein Heft.*

☆ **13** *Gestalte aus dem folgenden Erzählkern eine spannende Geschichte. Achte dabei auf die Lesefieber-Kurve (▷ S. 8). Mach dir zunächst einen Plan und sammle Gefühle, Gedanken, Sinneseindrücke sowie ausdrucksstarke Verben und Adjektive für deine Erzählung. Schreibe sie in dein Heft.*

Philipps Eltern sind heute Abend ins Kino gegangen. Er ist mit seinem kleinen Bruder Leon allein. Plötzlich hören sie im Keller ein Geräusch. Leon bekommt große Angst. Philipp will mutig sein und geht nach unten, um nachzuschauen. Unterwegs wird ihm zunehmend mulmig und er meint, weitere Geräusche zu hören. Er nimmt allen Mut zusammen und schaut in den Kellerräumen nach. Schließlich geht er in den Speisekeller und sieht gerade noch ein Mäuschen weghuschen.

Tiere beschreiben

Beim **Beschreiben** musst du darauf achten, **für wen und wozu** du beschreibst. Wenn du z. B. deiner Freundin etwas über dein Haustier mitteilst, beschreibst du nicht nur das Aussehen, sondern auch sein Verhalten und was du besonders gerne an ihm magst.
Ein Tiersteckbrief – z. B. um ein entlaufenes Tier wiederzufinden – sollte hingegen sachlich abgefasst sein. Er geht nur auf Auffälligkeiten des Verhaltens ein und hebt besondere Erkennungsmerkmale hervor. Rasse, Größe und Farbe sind von Interesse.

Drei Schwestern – eine Katze!

Kati, Anna und Elisa ist eine Katze zugelaufen. Die drei Schwestern sind sich einig: Wenn der Besitzer nicht ausfindig gemacht werden kann und ihre Eltern einverstanden sind, möchten sie die Katze behalten. Elisa schlägt vor, dass sie einen **Brief an die Eltern** verfasst. Kati schreibt ihrer Brieffreundin in einer **E-Mail** von ihrem „Familienzuwachs" und Anna erklärt sich bereit, einen **Steckbrief** zu entwerfen, den sie in der Umgebung aushängen wollen.

1 *Hat hier ein Computervirus zugeschlagen? Die drei Texte sind leider durcheinander geraten. Sortiere die Sätze so, dass die Texte von Elisa, Kati und Anna wiederhergestellt werden. Hinweis: Nimm dir drei verschiedene Farben und markiere die Sätze, die zusammenpassen. Nummeriere die Sätze in einem zweiten Arbeitsschritt.*

Auffallend ist ihr langes, dichtes, feines Fell, das eine ganz weiße Färbung hat.   Dabei ist ihr Fell total weich und sie genießt es richtig, wenn man es bürstet.   Es war ein bisschen verfilzt und schmuddelig, als sie hier bei uns ankam.   Das Katzenfutter kaufen wir übrigens von unserem Taschengeld.   Ihr Schwanz ist dick und buschig.   Wir haben uns schon darüber informiert, dass Perserkatzen zu den Langhaarkatzen gehören und deshalb täglich gekämmt

5 und gebürstet werden müssen.   Denkt bitte über unseren Wunsch nach.   Hi Dörte!   Du müsstest sie mal erleben.   Sie hat große, leuchtende Augen, die verschiedenfarbig sind: Wenn ich auf dem Sofa sitze, springt sie sofort auf meinen Schoß und schmiegt sich ganz fest an mich und schnurrt vor sich hin.   Ein Auge ist blau, das andere orange (odd eyed).   Liebe Eltern!   Ihre kurze, stumpfe Nase weist den typischen „Stopp" auf, also eine Einbuchtung zwischen Stirn und Nasenspitze.   Alle diese Merkmale weisen auf eine Perserkatze hin.   Wolli ist richtig ver-

10 schmust.   Dasselbe gilt für den Futter- und den Trinknapf.   Der Besitzer soll sich bitte bei Familie Patek melden unter der Telefonnr. (012) 34 56 78   Über ein Ja würden wir uns schrecklich freuen.   Tschau   Kati   Am Sonntag, dem 3.5., ist uns in Lannesdorf eine Katze zugelaufen.   Unser größter Wunsch ist es, die zugelaufene Katze zu behalten, falls der Besitzer nicht gefunden wird.   Wir wissen, dass so ein Tier regelmäßige Pflege und Zuwendung braucht.   Katze zugelaufen! ① Sie sieht aus wie ein laufendes Wollknäuel.   Wir haben sie Wolli getauft.   Der

15 Körperbau ist eher kompakt und ihre Beine sind relativ kurz, aber kräftig.   Aber macht euch keine Sorgen.   Wir sind schließlich zu dritt!   Es ist auch klar, dass wir ein Katzenklo besorgen und es sauber machen.   Dass wir regelmäßig mit der Katze spielen, versteht sich von selbst, geeignetes Spielzeug haben wir schon.   Stell dir vor, was passiert ist!   Uns ist eine supersüße Katze zugelaufen.   Beim nächsten Mal mehr …   Eure Töchter

2 *Wähle aus: Schreibe entweder den Steckbrief, den Brief an die Eltern oder die E-Mail an die Brieffreundin Dörte in dein Heft. So kannst du den Steckbrief beginnen: Katze zugelaufen!*

> **Beim Beschreiben eines Tieres** musst du die Art (z. B. Haustier), die Verwandtschaften (z. B. Familie der Affen), den Lebensraum (z. B. Wald), die Ernährungsweise (z. B. Fleischfresser), besondere Fähigkeiten (z. B. Schnelligkeit) sowie Aussehen und Verhalten einbeziehen. Um genau und anschaulich zu beschreiben, solltest du achten auf:
> - ☐ treffende Adjektive: „drüsenreiche, warzige Haut"
> - ☐ aussagekräftige Verben: „galoppiert", „schleicht", „watschelt"
> - ☐ Vergleiche: „das Fell glänzt wie feinste Seide"
> - ☐ zusammengesetzte Nomen: „Fangzähne", „Giftdrüse"

Vier unterschiedliche Tiere gesucht!

Art	Haustier, Raubtier, Stofftier, Säugetier, legt Eier, Reptil
Verwandtschaft	Waschbären, Dinosaurier, Wildkaninchen, Igel oder Maulwurf, Alligatoren
Lebensraum	Wüste, Mond, Gewässer in den Tropen, Stall oder Käfig, tagsüber Schlafhöhlen, z. B. Mittel- und Südamerika
Ernährungsweise	Fleischfresser, Pflanzenfresser, Insektenfresser, Stromfresser, Allesfresser; frisst bis zu 4000 Mücken pro Nacht; verspeist sogar Skorpione; z. B. Heu, Gras, Löwenzahn, Möhren; frisst am liebsten Plastikkugeln
Besondere Fähigkeiten	kann fliegen; blitzschnell; sendet auf der Jagd nach Beute Ultraschall-Signale aus; rudert mit dem Schwanz; kann gut klettern; riecht ausgezeichnet; hat Radar-Ohren
Aussehen	marderähnlich; runde Knopfaugen; kräftige Beine mit fünf verwachsenen Zehen; weißes, graues, braunes oder schwarzes Fell, auch gefleckt; spitze Krallen; Hand mit dünnen, langen Fingerknochen, dazwischen spannen sich Flughäute; rüsselartige Nase; stark gepanzert
Verhalten	Weibchen vergräbt seine Eier im Sand und bewacht sie; bewohnt hauptsächlich Bäume; schläft tagsüber mit dem Kopf nach unten; schlägt Haken und springt bis zu 1,50 m hoch; nachtaktiv, eher träge, hört gerne Musik; Futtersuche in Erdhöhlen und Baumkronen

3 *Stelle die passenden Informationen zu mindestens einem Tier zusammen. Wenn du Lust hast, kannst du die anderen drei Tierbeschreibungen in dein Heft schreiben und mit einer Zeichnung versehen. Manche Angaben lassen sich mehrfach, manche gar nicht verwenden.*

Gesuchtes Tier: _____

Art: _____

Verwandtschaft: *Familie der* _____

Lebensraum: _____

Ernährungsweise: _____

Besondere Fähigkeiten: _____

Aussehen: _____

Verhalten: _____

4 *Wähle eines der Tiere aus und verfasse in deinem Heft einen zusammenhängenden beschreibenden Artikel für ein Tierlexikon.*

Nomen

Nomen (Substantive, Hauptwörter) bezeichnen Eigennamen, Lebewesen, Gegenstände oder Begriffe, z.B. „Gesine", „Gorilla", „Stuhl", „Freude".
Nomen werden immer **großgeschrieben.** Sie können von einem **bestimmten Artikel** („der", „die", „das") oder einem **unbestimmten Artikel** („ein", „eine", „ein") begleitet werden.

Andreas Schlüter

Achtung, Zeitfalle!

„Hurra!", schallte es aus dem Klassenraum. Durch den Gang des Pavillons donnerte der ohrenbetäubende Lärm trampelnder Füße, klatschender Hände und der Jubelschreie von den 25 total begeisterten Schülern.
Ben kam gerade von der Toilette. Verwundert hörte er den Lärm aus der Klasse.

Der Krach war anders als gewöhnlich. Ben erkannte den Unterschied sofort. Blitzartig war ihm klar: Hier hatte es eine Sensation gegeben. Mit noch halb geöffneter Hose eilte er zur Klasse zurück und riss die Tür zum Klassenraum auf. Vor ihm eröffnete sich ein Bild wie in einem Fußballstadion nach dem entscheidenden Siegtor.

1 *Unterstreiche in diesem Jugendbuchauszug alle Nomen.*

Direkt vor ben, am tisch in der letzten reihe, stand thomas auf dem stuhl und versuchte sich im stepptanz. Heraus kam allerdings nur ein klägliches gehopse.
Normalerweise war thomas in der schule dafür bekannt, dass ihn nichts aus der ruhe brachte. Seine sprichwört-

liche langsamkeit führte regelmäßig zu lach- oder wutanfällen seiner mitschüler. Jetzt aber stampfte thomas in einer geschwindigkeit auf dem stuhl herum, die nur die folge eines achten weltwunders sein konnte.

2 *Mit Ausnahme der Satzanfänge ist in diesem Abschnitt alles kleingeschrieben.*
Unterstreiche auch hier die Nomen und schreibe den Text in korrekter Form in dein Heft.

„WASISTDENNHIERLOS?", FRAGTEBENVERBLÜFFTINDIEKLASSEHINEIN.
NIEMANDNAHMNOTIZVONIHM. BENSBLICKEHASTETENZUSEINENBESTEN
FREUNDEN. MIRIAMWARDAMITBESCHÄFTIGT,IRGENDETWASUNGEHEUER
WICHTIGESINJENNIFERSOHRZUBRÜLLEN. FRANKTROMMELTESICHGERADE
WIEEINGORILLAMITBEIDENFÄUSTENAUFDIEBRUST. NURTHOMASWANDTE
SICHZUBENUM. BREITGRINSTEERIHNAN: „DERABSOLUTEKNÜLLERISTHIER
LOS! … WIRMACHENEINEKLASSENREISE!"

☆ **3** *Trenne die Wörter mit Schrägstrichen und unterstreiche die Nomen.*
*Führe die **Artikelprobe** durch, wenn du unsicher bist: Lässt sich das Wort mit einem Artikel verwenden?*
Schreibe den Text in korrekter Form in dein Heft.

4 *Ordne die Nomen mit dem dazugehörigen bestimmten und unbestimmten Artikel in die Tabelle ein.*

Vergnügen Tafel Lehrerin Nachricht Landkarte Erfolg
Klassenclown Geheimnis Kreide Giraffe Glück Buch Bank

Lebewesen	Gegenstände	Begriffe
die Lehrerin/eine Lehrerin		

5 *Ergänze die passenden bestimmten Artikel.*

der Hahn	_____ Gold	_____ Kupfer	_____ Drache	_____ Jahr
_____ Kalk	_____ Kuh	_____ Leben	_____ Krankheit	_____ Firma
_____ Würde	_____ Krone	_____ Familie	_____ Dach	_____ Fohlen
_____ Aal	_____ Buche	_____ Verstand	_____ Küken	_____ Milch

6 *Es gibt Nomen, die mehrere Bedeutungen haben. Trage die Nomen mit ihrem jeweiligen Artikel ein.*

Gestell zum Steigen:	die Leiter	übergeordnete Person:	der Leiter
Meer:		Binnengewässer:	
Kauwerkzeug, Kinnlade:		Nadelbaum:	
Feuchtigkeit am Morgen:		Halteseil:	
Material zum Kneten:		Laut:	
Korridor:		Feld und Wiese:	
Vogel:		Gehörloser:	
große Tür:		törichter Mensch:	
Holzabsonderung:		Gebirgsname:	
Vogelkäfig:		Landwirt:	
Käufer:		Nachricht:	
Fessel:		dickes Buch:	

Genus

Jedes Nomen hat ein Genus, d.h. ein grammatisches Geschlecht: Es ist entweder ein

☐ **Maskulinum** (männliches Nomen), z.B. „der Wind", oder ein

☐ **Femininum** (weibliches Nomen), z.B. „die Maschine", oder ein

☐ **Neutrum** (sächliches Nomen), z.B. „das Boot".

Josef Guggenmos

Feriensport

Ein Herr in Badehose stand
an einem wunderschönen Strand.
Der schlug sich vor die Stirn. Wieso?
Doch schlug er sich auch anderswo:

auf Schenkel, Schulter, Buckel, Bauch,
auf Hals, Ohr, Kinn, Knie, Wade auch.
Der Herr war, unter uns gesagt,
im Augenblick auf Mückenjagd.

Die Jagd schien sich zu lohnen:
Es trieben sie viele Personen.

7 *Ordne die Nomen aus dem Gedicht in die Tabelle ein.*

Maskulinum	Femininum	Neutrum
der Herr,		

Numerus

Nomen haben auch einen Numerus, d.h. eine Anzahl: Sie stehen

☐ im **Singular** (Einzahl), z.B. „das Blatt", „ein Baum", oder

☐ im **Plural** (Mehrzahl), z.B. „die Blätter", „Bäume".

8 *Bilde jeweils die entsprechenden Singular- und Pluralformen.*

Genus	Numerus			
	Singular		**Plural**	
	bestimmter Artikel	unbestimmter Artikel	bestimmter Artikel	ohne Artikel
Maskulinum	*der Löwe*	*ein Löwe*	*die Löwen*	*Löwen*
	der Platz			
Femininum			*die Glocken*	
	die Mauer			
Neutrum				*Häuser*
			die Ufer	

Kasus

In Sätzen erscheinen Nomen immer in einem bestimmten **Kasus,** d.h. in einem grammatischen Fall.
Im Deutschen gibt es vier Kasus. Man kann den Kasus eines Nomens durch die **Fragenprobe** ermitteln:

- ☐ 1. Fall **Nominativ:** „Wer …?" oder „Was …?" – „der Apfel"
- ☐ 2. Fall **Genitiv:** „Wessen …?" – „des Apfels"
- ☐ 3. Fall **Dativ:** „Wem …?" – „dem Apfel"
- ☐ 4. Fall **Akkusativ:** „Wen …? oder Was …?" – „den Apfel"

Wenn man ein Nomen in einen Kasus setzt, nennt man das **deklinieren** (beugen).

9 *Ergänze die deklinierten Formen.*

Kasus	Kasus-Frage	Maskulinum	Femininum	Neutrum
Nominativ	„Wer …? oder Was …?"	_____	*die Schule*	_____
Genitiv	„Wessen …?"	*des Strandes*	_____	_____
Dativ	„Wem …?"	_____	_____	_____
Akkusativ	„Wen …? oder Was …?"	_____	_____	*das Zeichen*

10 *Setze nun die deklinierten Formen des Plurals in die Lücken der Tabelle.*

Kasus	Kasus-Frage	Maskulinum	Femininum	Neutrum
Nominativ	„Wer …? oder Was …?"	_____	_____	_____
Genitiv	„Wessen …?"	_____	*der Kräfte*	_____
Dativ	„Wem …?"	*den Tagen*	_____	*den Segeln*
Akkusativ	„Wen …? oder Was …?"	_____	_____	_____

Badeerlebnisse

„Die Sonnencreme, die Sie attraktiv macht", stand auf der Tube. Die Sonne brannte unerbittlich, und es war heiß auf dem hellen Sandstrand. Herr Müller, ein Snob[1], rieb die angenehm kühlende Creme auf die blasse Haut, blinzelte
5 kurz in das helle Glitzern der Meereswellen und lag dann seufzend auf der gelben Strandmatte. Die erste Mücke wehrte er noch beiläufig ab. Die nächste Mücke gefiel dem Mann gar nicht. Er fühlte sich sehr unbehaglich, als sie ihn intensiv bedrängte. Es dauerte nicht lange und ein großer Mückenschwarm umgab ihn. Er konnte sich des 10 Schwarmes kaum erwehren und stürmte unter dem Gelächter der Badegäste in das Wasser. Als er zurückkehrte, warf er die „attraktive" Sonnencreme in den Mülleimer.

1 **Snob:** vornehm tuender, eingebildeter Mensch

☆ **11** *Unterstreiche die Nomen mit verschiedenen Farben: Nominativ rot, Genitiv blau, Dativ grün und Akkusativ gelb. Stelle die Kasusfrage.*

Adjektive

> **Adjektive** geben häufig Eigenschaften eines Lebewesens oder einer Sache an. Deshalb nennt man sie auch Eigenschaftswörter.
>
> Wenn Adjektive als Beifügung vor einem Nomen stehen, werden sie zusammen mit diesem Nomen **dekliniert** (gebeugt).
>
> | | | | | |
> |---|---|---|---|---|
> | ☐ Nominativ: | „Wer ...? oder Was ...?" | der *neue* Artikel | die *berühmte* Autorin | das *lustige* Buch |
> | ☐ Genitiv: | „Wessen ...?" | des *neuen* Artikels | der *berühmten* Autorin | des *lustigen* Buches |
> | ☐ Dativ: | „Wem ...?" | dem *neuen* Artikel | der *berühmten* Autorin | dem *lustigen* Buch |
> | ☐ Akkusativ: | „Wen ...? oder Was ...?" | den *neuen* Artikel | die *berühmte* Autorin | das *lustige* Buch |
>
> Wird ein Adjektiv im Satz als adverbiale Bestimmung verwendet, kann es zwar gesteigert werden, bleibt aber ansonsten endungslos: „Ich finde das Buch *lustig*."

1 *Dekliniere. Ergänze die Pluralformen der Beispiele aus dem Merkkasten. Wende die Fragenprobe an.*

_____   _____   *die lustigen Bücher*

_____   _____   _____

_____   _____   _____

Kleine und große, bekannte und seltene Bücher

Format und Umfang von Büchern sind sehr unterschiedlich. Ein winziges Buch wurde vom Gutenberg-Museum in Mainz zur Buchmesse 1952 herausgegeben. Der Buchzwerg enthält das Vaterunser in verschiedenen Sprachen.

5 Die Schrift ist so klein, dass man darin nur mit Hilfe einer starken Lupe oder eines Mikroskops lesen kann.

Vor ungefähr 250 Jahren wurde in China ein Buch mit gewaltigen Ausmaßen fertig gestellt. Es besteht aus 5020 Bänden mit je 170 Seiten. Ein eigenartiges Buch erschien

10 1974 in Amerika. Es trägt den schlichten Titel „Nothing" (Nichts) und wurde sogar in einer luxuriösen Ausgabe herausgebracht; aber die Seiten sind leer.

Wertvolle und seltene Bücher sind heute nicht jedermann zugänglich. Man braucht für die Arbeit eine Erlaubnis.

15 Große Bibliotheken schützen sich auf moderne Weise vor

Diebstahl: Sie haben an diesen Büchern elektronische Geräte angebracht. Will jemand mit dem prächtigen Stück die Bibliothek verlassen, lösen sie lauten Alarm aus.

Der absolute Bestseller – das Buch, von dem die meisten Exemplare verkauft werden – ist auf der ganzen Welt die 20 Bibel.

2 *Welche Eigenschaften werden hier beschrieben? Unterstreiche die Adjektive.*

> **Die Steigerung von Adjektiven**
> Bei Vergleichen werden Adjektive **gesteigert:**
> Man bildet zur Grundform **(Positiv)** den **Komparativ** und den **Superlativ,** z. B.:
> „Ein Taschenbuch ist *leicht.* Ein Heft ist *leichter.* Eine CD-ROM ist *am leichtesten.*"
> Es gibt auch Adjektive, bei denen die Steigerungsformen anders gebildet werden,
> z. B. „viel – mehr – am meisten".
> Manche Adjektive lassen sich nicht steigern, z. B. „tot", „leer".

Welt-Rekorde!

Kennst du das „Guinness-Buch der Rekorde"? Es erscheint seit dem Jahr 1955 jährlich mit neuen Höchstleistungen.
Zum Beispiel findest du dort:

die längste Luftballonschlange

die größte Unterwasser-Fensterscheibe

die umfangreichste Münzsammlung

den begabtesten Bauchredner

den schnellsten Flossenschwimmer

das höchste Gebäude

die rasanteste Datenübertragung

3 *Unterstreiche die Superlative.*

4 *Trage die Superlative in die Tabelle ein und ergänze die fehlenden Formen.*

Positiv (Grundform)	Komparativ	Superlativ
		am längsten

5 *Streiche die Adjektive durch, die sich nicht steigern lassen.*

leserlich   einzig   menschlich   richtig   stark   quadratisch   blind   schön   gut   stumm   viereckig

☆ **6** *Verfasse mit den Adjektiven aus Aufgabe 5, die sich steigern lassen, eine kleine Geschichte in deinem Heft.*
Verwende dabei möglichst viele Komparative und Superlative.

Pronomen

> **Pronomen** (Fürwörter) stehen stellvertretend für Nomen oder begleiten sie.
> Die Wörter „ich", „du", „er", „sie", „es", „wir", „ihr", „sie" vertreten Nomen. Sie heißen **Personalpronomen**
> (persönliche Fürwörter): z. B. *„Die Kinder* wollen schwimmen. *Sie* gehen ins Freibad."
> Pronomen werden wie Nomen **dekliniert.**
> Bei der Verwendung eines Pronomens muss man darauf achten, dass immer deutlich ist, worauf es sich
> **bezieht.** Sonst kann es zu Missverständnissen kommen wie in den Sätzen:
> „Otto beobachtet seinen neuen Hund. *Er* ist sehr gefräßig."

Ein Tag im Freibad (1)

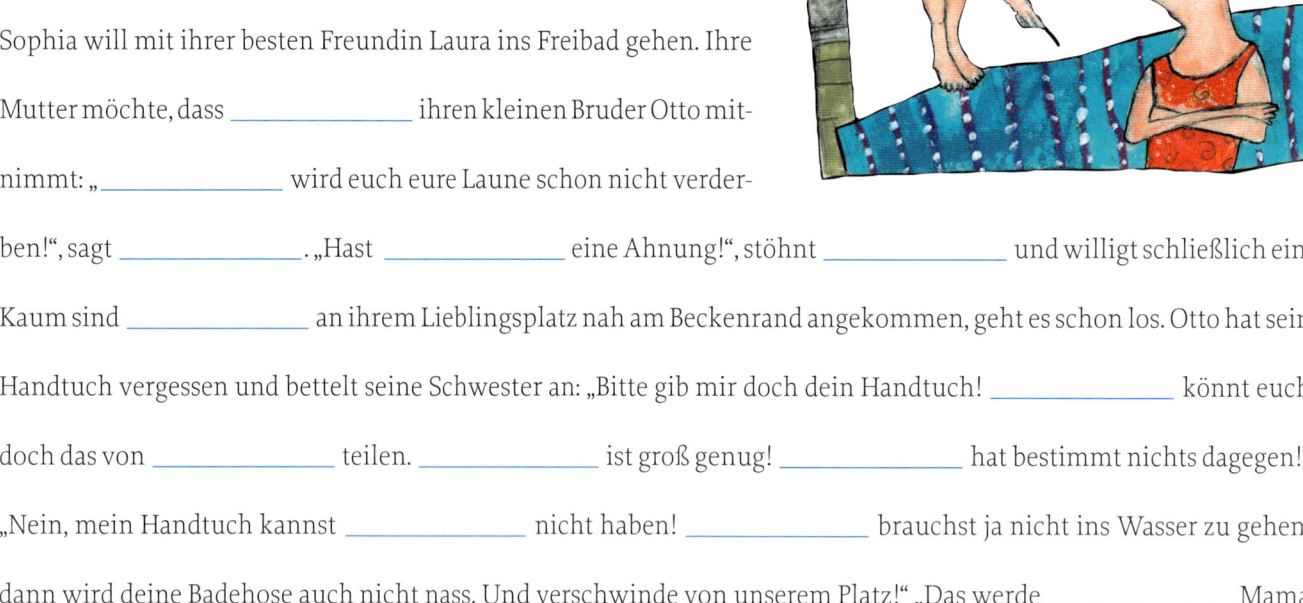

Sophia will mit ihrer besten Freundin Laura ins Freibad gehen. Ihre

Mutter möchte, dass _____ ihren kleinen Bruder Otto mit-

nimmt: „_____ wird euch eure Laune schon nicht verder-

ben!", sagt _____. „Hast _____ eine Ahnung!", stöhnt _____ und willigt schließlich ein.

Kaum sind _____ an ihrem Lieblingsplatz nah am Beckenrand angekommen, geht es schon los. Otto hat sein

Handtuch vergessen und bettelt seine Schwester an: „Bitte gib mir doch dein Handtuch! _____ könnt euch

doch das von _____ teilen. _____ ist groß genug! _____ hat bestimmt nichts dagegen!"

„Nein, mein Handtuch kannst _____ nicht haben! _____ brauchst ja nicht ins Wasser zu gehen,

dann wird deine Badehose auch nicht nass. Und verschwinde von unserem Platz!" „Das werde _____ Mama

erzählen, dann bekommst _____ was zu hören!"

1 *Fülle die Lücken. Schreibe die Personalpronomen mit Blau. Setze statt eines Pronomens Namen ein, wenn die Sätze dadurch eindeutiger werden.*

☆ **2** *In vier der folgenden Satzpaare ist der Bezug der Pronomen im zweiten Satz unklar. Formuliere eindeutige Sätze.*

a) Sophia und Laura besuchen im Zoo die Affen. Diese schreien laut.

b) Die Mädchen können sich im Zoo vor Lachen über die Affen kaum halten. Sie springen wild von Ast zu Ast.

c) Emma füttert ihre Katze. Das Tier leckt sich dabei genüsslich die Schnauze.

d) Mit seinem Hund geht Otto jeden Tag spazieren. Er wälzt sich dabei oft im Dreck.

e) Emma betrachtet ihre neue Hose. Sie ist beim Spielen mit der Katze schmutzig geworden.

f) Otto besucht mit seinem Hund Emma und ihre Katze. Sie gehen sofort aufeinander los.

> „Mein", „dein", „sein", „unser", „euer, „ihr" usw. nennt man **Possessivpronomen** (besitzanzeigende Fürwörter). Sie begleiten meist Nomen, z. B. *mein* Handtuch", *deine* Badehose".

Person	Personalpronomen	Possessivpronomen	Numerus
1. Person	ich wir	mein(e) unser(e)	**Singular** **Plural**
2. Person	du ihr	dein(e) euer/eure	**Singular** **Plural**
3. Person	er/sie/es sie	sein(e)/ihr(e)/sein(e) ihr(e)	**Singular** **Plural**

Ein Tag im Freibad (2)

Plötzlich hören die Geschwister lautes Geschrei. _____ ist gestolpert und mitsamt _____ Bade-

tasche rückwärts ins Wasser gefallen. _____ rudert wild mit den Armen: „Helft mir, _____ ganzen

Sachen gehen unter!" _____ springt sofort hinterher und bringt alles an Land. Die Mädchen sind froh,

dass sich _____ kleiner Bruder als so nützlich erwiesen hat. „Hier, _____ kannst _____

Handtuch haben und natürlich auch auf _____ Platz liegen!", sagt Laura. „Wie gut, dass _____ dich

mitgenommen haben! Soll _____ dir ein Eis holen?"

3 *Fülle die Lücken der Fortsetzung des Textes. Schreibe die <u>Personalpronomen mit Blau</u> und die <u>Possessivpronomen mit Rot</u>. Setze auch hier statt eines Pronomens Namen ein, wenn die Sätze dadurch eindeutiger werden.*

4 *Bilde sinnvolle Sätze. Streiche dazu die nicht passenden Possessivpronomen durch.*

Zeige mir   euer / ~~mein~~ / ~~unser~~   neues Schlauchboot!

Erzähle mir von   deiner / unserer / meiner   „Heldentat"!

Ich lasse dich an   eurem / meinem / deinem   Eis lecken.

Mir ist in   euren / unseren / meinen   nassen Sachen so kalt!

Ich lasse dich auf   meinem / eurem / deinem   Handtuch sitzen.

Wie war   mein / unser / euer   Tag im Freibad?

Präpositionen

> Wörter wie „in", „auf", „an" heißen **Präpositionen** (Verhältniswörter). Sie drücken ein Verhältnis oder eine Beziehung aus, z. B.
> - ☐ ein **räumliches Verhältnis:** „Wir treffen uns *an* der Haltestelle"; oder
> - ☐ ein **zeitliches Verhältnis:** *„In* zwei Stunden bin ich da."
> - ☐ Sie können auch einen **Grund** angeben: *„Wegen* der Verspätung des Busses konnte ich nicht pünktlich kommen";
> - ☐ oder die **Art und Weise** bezeichnen: „Mein Wecker läuft *mit* Batterien."
>
> Präpositionen stehen meist vor einem Nomen oder Pronomen und fordern einen bestimmten Kasus (Fall): „Ich gehe *in* den Laden" (Akkusativ); „Ich warte *neben* dem Laden" (Dativ); „Ich muss *wegen* eines Termins bleiben." (Genitiv).
> Manchmal verschmilzt die Präposition mit dem Artikel: „Die Uhr muss *zum* Uhrmacher." (zum = zu dem)

Jetzt schlägt's 13! Hier läuft manches verkehrt!

1 *Streiche die falschen Präpositionen durch und schreibe die richtigen ~~auf~~ den Rand.*   *an*
Prüfe, ob du den Kasus ändern oder die Präposition mit dem Artikel „verschmelzen" musst.

Meister Hora sammelt unter Eifer
Uhren aller Art. _____

Die Kuckucksuhr hängt auf der Wand. _____

Der Wecker steht über dem Nachttisch. _____

Die Uhr unterm Computer
funktioniert nicht mehr. _____

Großen Lärm macht die alte Standuhr
unterm Schlafzimmer. _____

Die ausgebaute Kirchturmuhr liegt
noch mitten über der Garage. _____

Meister Hora fehlt noch die Uhr, die
auf dem Bahnhofseingang hängt. _____

Hinter der Sommerzeit und der
Winterzeit hat Meister Hora zweimal
vorm Jahr eine Menge zu tun. _____

Dann muss er alle Uhren für eine
Stunde vor- oder zurückstellen. _____

Irmela Wendt

Tik tak

„Alles geht nach der Uhr", sagt Frau Ureburegurh.

„Um ein Uhr haben die Kinder gegessen,

bis zwei Uhr arbeiten sie an den Schulaufgaben,

bis fünf Uhr dürfen sie spielen,

5 um halb sechs essen sie Abendbrot,

danach lernt die Großmutter noch mit den Kindern,

und von abends sieben bis morgens sieben schlafen sie.

Um acht Uhr gehen sie zur Schule,

und um zwölf Uhr dreißig sind sie wieder zu Haus."

10 „Ich bin gespannt", sagt Frau Lustibustigiero, die Nachbarin, „wie lange es dauert, bis Ihre Kinder nur noch tik tak sagen."

☆ **2** *Kreise die Präpositionen in dem Gedicht ein. Hast du alle 13 gefunden? Beachte: Im letzten Satz ist „bis" keine Präposition!*

Verben

> **Verben** (Tätigkeitswörter) sagen aus, was ist, geschieht oder was jemand tut, z. B. „sein", „ staunen".
> Die beiden Verben stehen in der Grundform, dem **Infinitiv.** So findest du sie auch im Rechtschreibwörter-
> buch. Sie sind nach Person und Zahl unbestimmt.
> Wenn Verben in Sätzen verwendet werden, nehmen sie meist eine **Personalform** an, d. h., sie werden nach
> Person und Zahl (Singular/Plural) bestimmt.
> Setzt man Verben in die verschiedenen Personalformen, nennt man das **konjugieren** (beugen).
>
> | | **Singular** | | **Plural** |
> |---|---|---|---|
> | **1. Person** | ich *bestimm-e* | **1. Person** | wir *bestimm-en* |
> | **2. Person** | du *bestimm-st* | **2. Person** | ihr *bestimm-t* |
> | **3. Person** | er/sie/es *bestimm-t* | **3. Person** | sie *bestimm-en* |

1 *Konjugiere das Verb „staunen".*

Singular: *ich staune, du* _____

Plural: _____

James Krüss

Der törichte Star

Ich _____ zu Hause einen richtigen Star.

Du _____ keine Ahnung, wie töricht der war:

Er _____ voll Erstaunen auf Trinchen geschaut.

Sie _____ nämlich Häuser aus Klötzchen gebaut.

Es _____ ihn erstaunt und gewundert. Ganz klar:

Wir _____ ja viel mehr Verstand als ein Star.

Ihr _____ das wohl selber schon einmal erkannt:

Sie _____ als Stare halt Starenverstand!

Sie _____ (und damit erklär' ich es mir),

Sie _____ halt kleinere Köpfe als wir!

2 *Ergänze in dem Gedicht von James Krüss die richtige Personalform von „haben".*

> **TIPP**
>
> Es gibt Verben, bei denen in der 2. und 3. Person Singular der **Stammvokal wechselt,** z. B. „lesen" (Infinitiv):
> „Ich *lese*" (1. Person Singular); aber: „du *liest*" (2. Person Singular), „er, sie, es *liest*" (3. Person Singular).

3 *Setze die Verben in der richtigen Personalform in die Lücken ein.*

Trinchen _____ (vergessen) nie, ihren Star zu füttern. Sie _____ (geben) dem Vogel allerhand

Leckeres zu fressen. Er _____ (nehmen) es Stückchen für Stückchen. Dann _____ (essen) auch

Trinchen mit großen Bissen ein ganzes Brot. Der Star _____ (sehen) ihr dabei aufmerksam zu. Er merkt,

da _____ (helfen) nur ein größerer Kopf!

> **Die Bildung des Imperativs**
>
> Die Aufforderungs- oder Befehlsform des Verbs nennt man **Imperativ.** Je nachdem, ob eine Person gemeint ist oder mehrere Personen angesprochen sind, gibt es **Singular- und Pluralformen:**
> „Geh!", „Geht!"
>
> **Der Imperativ Singular** wird durch den Stamm des Verbs gebildet. Manchmal wird auch die Endung **-e** angehängt:
>
> | Infinitiv | Stamm des Verbs | Imperativ Singular |
> |---|---|---|
> | „reden" | „red-" | „Red!"/„Rede!" |
>
> Es gibt auch Verben, bei denen sich der Stammvokal ändert:
>
> | Infinitiv | Stamm des Verbs | Imperativ Singular mit Stammvokaländerung |
> |---|---|---|
> | „sehen" | „seh-" | „S**ie**h!" |
>
> **Der Imperativ Plural** wird in der Regel gebildet, indem man an den Stamm des Verbs die Endung **-t** anhängt:
>
> | Infinitiv | Stamm des Verbs | Imperativ Plural |
> |---|---|---|
> | „schweigen" | „schweig-" | „Schweigt!" |

Hans Manz

Was im Buche steht

Was im Buche steht, <u>lass</u> es nicht stehen.   *lasst! lassen*

Man kann die Worte so oder so drehen.

Also, leg sie auf die Goldwaage,

oder beweg sie mit einer Frage.

5 Nimm dir Zeit zu verweilen,

lies zwischen den Zeilen,

auch ein kurzes Gedicht hat viele Seiten.

„Es war einmal ..." meint – vielleicht – heutige Zeiten.

Buchstabieren allein genügt nicht.

10 Lies einen Satz, wie in einem Gesicht,

wie und warum er dir etwas zeigt,

und wo er verstummt und was er verschweigt.

4 *a) Unterstreiche alle Imperative im Gedicht.*
b) Schreibe die Pluralform der Imperative sowie den dazugehörigen Infinitiv daneben.

5 *Bilde Imperative zu den folgenden Verben im Singular und im Plural:*

drehen: *Dreh!* _____   stehen: _____

geben: _____   zeigen: _____

Verwendung des Imperativs

Es gibt verschiedene Situationen, in denen jemand aufgefordert wird, etwas zu tun oder zu lassen. Entsprechend kann man mit dem Imperativ

- ☐ einen **Rat** erteilen: „*Lernt* lieber rechtzeitig für die Deutscharbeit!"
- ☐ eine **höfliche Bitte** ausdrücken: „*Hol* mir bitte ein Stück Kreide!"
- ☐ einer **Aufforderung** Nachdruck verleihen: „*Halt* die Ohren steif!"
- ☐ einen **Befehl** erteilen: „*Putz* die Tafel!"

Übrigens: Einen Satz mit einem Imperativ beendet man mit einem **Ausrufezeichen**.

6 *Verwende in den Sprechblasen Imperative.*

Der Lehrer befiehlt, sofort den Walkman wegzulegen:

Tom bittet Max, ihm die Mathematikaufgabe zu erklären:

Aline rät ihrer Freundin, im Internet unter www.jugendliteratur.org Buchtipps zu recherchieren:

Vera fordert Sebastian auf, ihr das Lineal zurückzugeben:

Tempus des Verbs

> **Verben** sagen uns, wann etwas passiert. Sie lassen sich in verschiedene **Tempora** (Zeitstufen; Einzahl: Tempus) setzen.
> Das **Präsens** drückt die **Gegenwart** einer Handlung oder eines Geschehens aus: „Ich *übe* gerade."
> Im Präsens stehen auch Aussagen, die immer gelten, z. B.: „Abends *geht* die Sonne unter."

Ab sofort gelten folgende Regeln!

Paul ruft immer in die Klasse. Sobald Lehrer Quest eine Frage gestellt hat, gibt Paul schon die Antwort. Und ist doch mal ein anderes Kind schneller, dann unterbricht er es. Das nervt die Mitschülerinnen und Mitschüler. Sie ver-
5 drehen die Augen und beschweren sich: „Ach, Paul. Du warst doch gar nicht dran!" oder „Paul, du bist hier nicht alleine in der Klasse!" oder „Paul, lass die anderen mal ausreden!" Sie verabreden folgende Regel in der Klasse: Man gibt nur dann eine Antwort, wenn man sich gemeldet hat
10 und der Lehrer einen drannimmt. Spricht jemand anderes, unterbricht man ihn nicht.

Paul versucht, sich daran zu halten. Er meldet sich brav, aber dabei ruft er schon: „Bitte, ich weiß es!" Niklas erinnert ihn an die Regel. Paul guckt verständnislos: „Wieso, ich habe
15 mich doch gemeldet. Und die Antwort habe ich auch noch nicht gesagt!" Katharina macht einen Vorschlag: „Wir müssen die Regel erweitern: Handzeichen sind stumm." Paul erklärt sich einverstanden. Doch beim nächsten Mal fuchtelt er so wild mit seinem aufgestreckten Finger herum, dass er fast dem Lehrer die Brille von der Nase ge- 20 schlagen hätte. Zunächst müssen alle lachen und Paul lacht mit. Dann flüstert er: „Ich habe immer Angst, dass ich sonst überhaupt nicht drankomme. Meine Eltern haben gesagt, ich soll immer mitreden, wenn ich was weiß." Lehrer Quest nickt: „Das ist ja gar nicht so falsch. Deine 25 Meinung ist wichtig. Aber in einer Klassengemeinschaft sind alle gefragt und man muss auch gut zuhören können. Ich mache einen Vorschlag. Wir beschäftigen uns in den nächsten Stunden etwas genauer mit dem Thema ‚Reden und zuhören'." 30

1 *Unterstreiche im Text oben alle Präsensformen mit Gelb, mit der Farbe Grün die dazugehörigen Subjekte.*

Roswitha Fröhlich

Frage

Ich rede _____

Du _____

Wir _____

Sie _____

Und wer hört zu?

_____

Ich höre zu. _____

_____

_____

_____

_____

2 *a) Ergänze die fehlenden Präsensformen von „reden" in dem Gedicht.*
b) Schreibe dein eigenes Hör-Gedicht daneben. Lass das Gedicht auch überraschend enden, vielleicht wie Roswitha Fröhlich mit einer passenden Schlussfrage.

Das Futur

Das **Futur** drückt etwas **Zukünftiges** aus:

„Ich *werde* in der Schule besser *aufpassen*."

Du siehst, das Futur besteht aus zwei Teilen: der Personalform von „werden" im Präsens und einem Infinitiv. Wenn eine Zeitangabe benutzt wird, die auf Zukünftiges hinweist, kann man statt des Futurs auch das Präsens verwenden: „Morgen *höre* ich in der Schule besser *zu* als heute."

Es wird schon werden … oder Was bringt die Zukunft?

In diesem Schuljahr findet noch ein Elternsprechtag statt. Wie immer gehen nicht nur Simon, sondern auch seinen Eltern viele Gedanken im Kopf herum:

Was werden die Lehrer wohl über Simon sagen?

Werden sie ihn loben, weil er sich verbessert hat?

Oder wird Frau Nörgel wieder anmahnen, dass er sich mehr anstrengen muss?

Mit Herrn Flüstermann wird man sicher reden können. Er ist ja ganz umgänglich.

Hoffentlich wird auf dem nächsten Zeugnis nicht wieder stehen: Simon muss sich mehr am Unterrichtsgeschehen beteiligen und weniger seine Klassenkameraden ablenken.

Da können sie ja gleich schreiben: Simon quatscht zu viel und meldet sich zu wenig.

Eine Zeugnisbemerkung wie „Simon führt sein Amt als Klassensprecher engagiert aus" hört sich natürlich besser an.

Vielleicht werden die Lehrer mal ein Auge zudrücken.

Zu dumm, dass Herr Flüstermann stets so viel Wert auf absolute Ruhe legt.

Auch im neuen Schuljahr sagt er sicher: „Silentium! Sonst kann ja keiner arbeiten."

Silentium ist Lateinisch und heißt: Ruhe! Das kann man auch auf Deutsch sagen!

3 *Markiere alle Formen des Futurs in den Denkblasen blau, die Präsensformen gelb. Umkreise die dazugehörigen Zeitangaben ebenfalls gelb.*

4 *Ergänze die folgende Tempustabelle.*

Infinitiv	Präsens	Futur
werden	es wird	es wird werden
	es gibt	
reden		
		er wird legen

> **!** Das **Präteritum** wird vor allem beim schriftlichen Berichten und Erzählen verwendet, um **Vergangenes** wiederzugeben. Es wird unterschiedlich gebildet:
> Die so genannten **schwachen Verben** werden durch Anhängen der Endung **-te** konjugiert:
> „dichten – dichte**te**", „erzählen – erzähl**te**"
> Die **starken Verben** ändern ihren Stammvokal: „gew**i**nnen – gew**a**nn"
> Die **unregelmäßigen Verben** ändern den Stammvokal und erhalten außerdem die Endung **-te:**
> „d**e**nken – d**a**ch**te**"

Bruno Horst Bull

Ein schlechter Schüler

Als ich noch zur Schule gehte, _____

zählte ich bald zu den Schlauen, _____

doch ein Zeitwort recht zu biegen, _____

bringte immer Furcht und Grauen. _____

5 Wenn der Lehrer mich ansehte, _____

sprechte ich gleich falsche Sachen, _____

für die andern Kinder alle _____

gebte das meist was zum Lachen. _____

Ob die Sonne fröhlich scheinte _____

10 oder ob der Regen rinnte: _____

wenn der Unterricht beginnte, _____

sitzt' ich immer in der Tinte. _____

Ob ich schreibte oder leste, _____

Unsinn machtete ich immer, _____

15 und statt eifrig mich zu bessern, _____

werdete es nur noch schlimmer. _____

Als nun ganz und gar nichts helfte, _____

prophezieh mir unser Lehrer: _____

Wenn die Schule ich <u>verlasste</u>, *Gr / verließe*

20 <u>wörde</u> ich ein Straßenkehrer. *Gr / würde*

Da ich das nicht werden willte, _____

kommte ich bald auf den Trichter, _____

stak die Nase in die Bücher, _____

und so werdete ich Dichter. _____

5 *Erkläre, was in dem Gedicht „Ein schlechter Schüler" mit vielen Verbformen passiert ist.*

6 *Jetzt darfst du Lehrer/in spielen. Streiche mit Rot alle Verben an, die nicht korrekt konjugiert worden sind – das sind Grammatikfehler (Gr) –, und schreibe die richtige Form daneben.*

Perfekt

Vor allem beim mündlichen Erzählen, also in Gesprächen, verwendet man Formen des **Perfekts,** wenn man **Vergangenes** mitteilen will:

„Gestern *habe* ich meiner Mutter einen Streich *gespielt.*"

„Danach *ist* sie ziemlich sauer auf mich *gewesen.*"

Das Perfekt wird gebildet mit den Personalformen von „haben" oder „sein" im Präsens („ich *habe*..."; „sie *ist*...") und dem Partizip II des Verbs („gespielt"; „gewesen").

Was ist bloß in Pauline gefahren?

Pauline Spiegel wohnt in der Nähe ihrer Schule. Auf ihrem Schulweg macht sie aber gerne ein paar Umwege und kommt dann zu spät. Gestern hat die Klassenlehrerin angerufen und angemahnt, dass Pauline pünktlich sein

5 muss. Deshalb hat heute Morgen Paulines Mutter gesagt: „Ich möchte, dass du ab sofort schnurgerade zur Schule gehst." Pauline hat brav genickt und das Haus verlassen.

An diesem Vormittag klingelt häufig das Telefon. Erst ist es die Nachbarin von gegenüber: „Also, Frau Spiegel, Ihre

10 Pauline ... Heute Morgen ist sie durch meine kostbaren Rosen gestampft und dann hat sie sich durch die Hecke gequetscht. So geht das nicht!" Wenige Minuten später ruft Herr Alt an: „Unverschämtheit! Um kurz vor acht habe ich gesehen, wie Ihre Tochter durch die Hintertür ins Haus

gegangen ist und wenig später ist sie vorne wieder heraus- 15 gekommen und weitermarschiert." Kaum hat Frau Spiegel aufgelegt, geht wieder das Telefon: „Hier Neu. Ich bin fast in Ohnmacht gefallen. Dann habe ich geglaubt, ein Einbrecher ist am Werk. Ihre Pauline ist einfach über unsere Garage geklettert!" Was ist bloß in ihre Tochter gefahren? 20 Bisher haben sich die Nachbarn noch nie beschwert.

Mittags kommt Pauline strahlend nach Hause. „Ich bin heute ganz pünktlich gewesen. Und es hat richtig Spaß gemacht, einmal schnurgerade zur Schule zu gehen, wie du es gesagt hast!" Frau Spiegel verdreht nur die Augen 25 und lacht. „Da hast du mich wohl absichtlich missverstanden, Pauline Eulen-Spiegel, so hat dich ja schon dein Großvater getauft!"

7 *Markiere alle Perfekt-Formen im Text farbig.*

Plusquamperfekt

Wenn man etwas Vergangenes im Präteritum oder Perfekt erzählt und sich dabei auf noch weiter Zurückliegendes bezieht, verwendet man das **Plusquamperfekt:**

„Nachdem Pauline von dannen *gezogen war,* atmete ihre Mutter erleichtert auf."

Das Plusquamperfekt wird gebildet mit den Personalformen von „haben" oder „sein" im Präteritum („Pauline *war*...") und dem Partizip II des Verbs („gezogen").

8 *Setze die Infinitive in das richtige Tempus: Plusquamperfekt oder Präteritum?*

Nachdem die Klassenlehrerin _____ (anrufen),

_____ (sprechen) Frau Spiegel mit ihrer Tochter.

Da Pauline viele Eulenspiegel-Geschichten _____ (lesen),

_____ sie sich immer neue Streiche _____ (einfallen lassen).

Teste dich! – Konjugation von Verben

9 *In der folgenden Eulenspiegel-Geschichte sind einige Verbformen fett gedruckt. Bestimme die Personalform und das jeweilige Tempus. Verwende Abkürzungen:*

Singular = Sg.	1./2./3. Person = 1./2./3. Pers.	Präsens = Präs.	Perfekt = Perf.
Plural = Pl.	Imperativ = Imp.	Präteritum = Prät.	Plusquamperfekt = Plusq.

Georg Paysen-Petersen

Das Haus räumen

Nachdem sie die Reise **beendet hatten** (*3. Pers. Pl. Plusq.*) und

wieder heimkamen, **fragte** (_____) die Frau ihren Mann, wie's ihm gegangen sei. „Seltsam genug",

sprach (_____) er, „aber wir sind doch wieder da." Er **rief** (_____) Eulenspiegel

und sagte: „Kumpan, es soll niemand sagen, dass ich dich bei Schlafenszeit auf die Straße **gesetzt habe**

5 (_____), die Nacht **bleib** (_____) noch hier, **iss** (_____) du, trink dich satt

und schlaf dich aus! Aber morgen räumst du mir das Haus! Ich **will** (_____) dich nicht länger behalten,

denn du **bist** (_____) ein arger Schalk." Till meinte: „Lieber Herr, ich mache alles, was man mich heißt,

und kann doch niemals Dank ernten. Aber wenn Euch meine Dienste nicht mehr **gefallen** (_____), so

will ich morgen nach Euren Worten das Haus räumen und wandern." „Ja, das tue", sprach der Kaufmann.

10 Des anderen Tags **stand** der Kaufherr **auf** (_____) und sagte zu Eulenspiegel: „Iss und trink dich satt, und

dann hinaus! Ich will in die Kirche zur Frühmesse gehen. Lass dich nicht wiederfinden, wenn ich heimkomme!" Eulen-

spiegel **schwieg** (_____). Sobald der Kaufmann das Haus **verlassen hatte** (_____), fing Till

an zu räumen. Stühle, Tische, Bänke und was er nur tragen und schleifen konnte, **brachte** (_____) er auf die

Gasse. Er schleppte aus Küche und Keller Schüsseln und Teller, Krüge und Kannen, Töpfe und Pfannen. Die Nachbarn ver-

15 wunderten sich, was daraus werden sollte, dass man alles Hausgerät auf die Straße setzte. Das **kam** (_____)

dem Kaufherrn zu Ohren, und er eilte heim und rief Till an: „Was treibst du, Bursche? **Finde** (_____) ich

dich noch immer hier?" „Ja, Herr, ich wollte erst Euren Befehl ausführen, denn Ihr hießet noch das Haus räumen und

danach wandern. Greift mit an, Herr, diese Tonne ist mir zu schwer, ich kann sie nicht allein bewältigen."

„**Lass** (_____) liegen, du Schalk, und trolle dich!", rief der Kaufmann in hellem Zorn. Also

20 schied Eulenspiegel von dannen und ließ den Kaufherrn wieder hineintragen, was er **ausgeräumt hatte**

(_____), worüber die Nachbarn noch lange **lachten** (_____). Denn wer den Schaden

hat (_____), der hat auch den Spott.

Satzarten

Sätze sind in Texten durch **Satzschlusszeichen** voneinander getrennt.
Es gibt verschiedene Satzarten, die man am Satzschlusszeichen erkennt:
- ☐ **Aussagesätze** enden mit einem Punkt: „Die Zwillinge feiern ihren Geburtstag.“
- ☐ **Fragesätze** erhalten ein Fragezeichen: „Wer soll dabei sein?“
- ☐ **Aufforderungssätze** und **Ausrufesätze** enden mit einem Ausrufezeichen: „Kommt herein!“

1 *Die Zwillinge Saskia und Sven wollen ihren elften Geburtstag feiern. Sie sind mitten in der Vorbereitung, als die ersten Gäste kommen. Setze die richtigen Satzschlusszeichen hinter die Sätze.*

Wir sind etwas zu früh gekommen __

Ist es schlimm __

Wir sind noch nicht ganz fertig __

Wartet noch einen Moment draußen __

Ich frage Mama, ob sie uns hilft __

Sind die anderen auch schon da __

Der Tisch ist noch nicht gedeckt __

Hier ist euer Geschenk __
Packt es aber noch nicht aus __

Wen habt ihr noch eingeladen __

TIPP

Eine **Aufforderung** kannst du auch als Aussagesatz oder Fragesatz formulieren, z. B.:
„Du könntest mir mal helfen.“ – „Könntest du mir helfen?“

☆ **2** *Ergänze die Tabelle so, dass du Aufforderungen in Form verschiedener Satzarten ausdrückst.*

Aussagesatz	Aufforderungssatz	Fragesatz
	Stell den Kuchen auf den Tisch!	
Ihr könnt jetzt das Geschenk auspacken.		
	Lasst uns jetzt etwas spielen!	
		Wollt ihr nicht beim Aufräumen helfen?

Satzglieder

> Ein Satz besteht aus verschiedenen Teilen. Man nennt sie **Satzglieder.**
>
> Mit der **Umstellprobe** kann man feststellen, welche Wörter gemeinsam ein Satzglied bilden: Satzglieder lassen sich nämlich innerhalb des Satzes umstellen, ohne dass sich der Sinn des Satzes ändert. Die Wörter, die bei den Umstellungen zusammenbleiben, gehören zu einem Satzglied.
>
> Will man ein Satzglied besonders betonen, kann man es an den Anfang oder an den Schluss eines Satzes stellen.
>
> Beispiel: „Annick und ihre Freundin | kommen | als Austauschschülerinnen | an unsere Schule."
>
> „Als Austauschschülerinnen | kommen | Annick und ihre Freundin | an unsere Schule."

In meinen Ohren merkwürdig manche deutschen Sätze klingen ziemlich.

1 *a) Annick hat etwas übertrieben mit dem Umstellen der Wörter. Formuliere einen korrekten Aussagesatz mit diesen Wörtern und finde dann alle Möglichkeiten, wie man diesen Satz umstellen kann, ohne dass er falsch wird oder seinen Sinn ändert.*

b) Umkreise die einzelnen Satzglieder mit unterschiedlichen Farben.

_____

_____

_____

_____

_____

2 *Wenn Lea mit ihrer Familie am Esstisch sitzt und alle erzählen, muss Annick manchmal nachfragen, weil sie einen Teil des Satzes nicht genau verstanden hat. Antworte auf die Fragen so, dass das erfragte Satzglied betont ist.*

Lea: „Gestern wäre Davids kleiner Bruder im Schwimmbad fast ertrunken."
Annick: „Wer wäre fast ertrunken?"

_____

Leas Vater: „Eigentlich muss doch der Bademeister die ganze Badeanstalt beobachten."
Annick: „Was muss der Bademeister beobachten?"

_____

Lea: „Der Bademeister kann ja auch nicht überall gleichzeitig sein.
Davids Bruder war gerade auf der Rutsche ganz hinten im Nichtschwimmerbereich."
Annick: „Wo war Davids Bruder?"

_____

Leas Mutter: „Aber er hat doch schon längst das Seepferdchen. Wie konnte das denn passieren?"
Annick: „Was hat er längst?"

_____

3 *Annick hat einen Aufsatz über ihren Aufenthalt in Deutschland geschrieben. Sie wiederholt sich darin häufig. Verbessere ihren Aufsatz, indem du die Satzglieder, die sich wortwörtlich wiederholen, durchstreichst und ersetzt.*

Leas Eltern haben mich direkt am Bus abgeholt. Leas Eltern waren sofort sehr nett zu   *Sie*

mir. Lea hat mir dann ihr Zimmer gezeigt. In ihrem Zimmer schlafe ich nämlich auch.

In der ersten Nacht konnte ich nicht so gut schlafen, weil ich doch sehr viel an

meine Familie denken musste. Am nächsten Tag durfte ich meine Familie anrufen. In-

5 zwischen habe ich überhaupt kein Heimweh mehr, weil ich jetzt alle schon gut kenne

und weil wir jeden Tag tolle Unternehmungen machen. Die tollen Unternehmungen

organisiert die Schule von Lea. Gestern waren wir auf einer Burg. Echte Ritter sind in

der Burg herumgelaufen. Die echten Ritter haben einmal sogar miteinander gekämpft.

Ein Schwert ist dabei fast auf Lea gefallen. So haben wir bemerkt, dass das Schwert nur

10 aus Plastik war. Morgen gehen wir ins Schwimmbad. In dem Schwimmbad soll es eine

Riesenrutsche geben. Die Riesenrutsche ist erst für Kinder ab zehn Jahren.

Ich hätte nicht gedacht, dass der Schüleraustausch so viel Spaß macht. Anfangs hatte

ich selbst gar nicht so viel Lust auf den Schüleraustausch, sondern bin nur wegen mei-

ner Freundinnen mitgefahren.

Das Prädikat

> Ein Satzglied wird bei der Umstellprobe nicht umgestellt: das **Prädikat.**
> Prädikate werden durch Verben gebildet. Die **Personalform des Verbs** steht im Aussagesatz immer als zweites Satzglied und bildet den Satzkern. Beispiel:
>
> „Ich _frage_ nach dem Ursprung der Dinge.   →   „Nach dem Ursprung der Dinge _frage_ ich.“

1 a) _Ergänze die Prädikate im folgenden Gedicht mit Hilfe der Verben. Bilde dazu die richtige Personalform._
b) _Prüfe, an welcher Satzgliedstelle die Prädikate stehen. Umrahme dazu die Satzglieder._

Was war zuerst da?

Ein Kind _____ in der Mutter.

Sahne _____ durch Rühren zu Butter.

Die Eier _____ das Huhn, das famose.

Vom Baume _____ die Aprikose.

Doch _____ es keine Mutter ohne Kind.

Aus 'nem Ei _____ das Huhn einst geschwind.

Der Same für den Baum _____ in der Frucht.

Hast du schon mal den Anfang gesucht?

geben

wachsen   stammen

stecken   werden

kriechen

legen

> Wenn das Prädikat aus mehreren Teilen besteht, bilden die Personalform und die anderen Teile eine **Prädikatsklammer.** Beispiel:
>
> „Das Gedicht _hat_ eine Frage _gestellt._“

Bernd Lunghard

Ewiges Rätsel

Was war zuerst da – Ei oder Henne?

Ich fragte mein Huhn und Professor Ordenne.

Mein Hühnchen sagte dreimal Dock dag;

der Professor erklärte den halben Tag.

Doch weiß ich bis heut nicht, was früher vorhanden –

ich habe beide nicht verstanden ...

Dock dag
Dock dag
Dock dag

2 _Kreise in diesem Gedicht alle Prädikate ein. Findest du die Prädikatsklammer?_

☆ **3** *Lena beschäftigt eine Frage: Warum sind die Dinosaurier ausgestorben?*
Sie hat deshalb in verschiedenen Büchern nachgelesen und sich einige Stichworte gemacht.
Formuliere aus den Stichworten einen kleinen Text, indem du die Sätze vervollständigst.
Umkreise jeweils das Prädikat und mache die Prädikatsklammer mit einem Pfeil deutlich.

- vor 65 Millionen Jahren ausgestorben
- riesiger Meteorit in Erde eingeschlagen (10 km Durchmesser), bei Mexiko
- dort Feuerball alles im Umkreis von 3000 km verbrannt
- Staubwolken monatelang Sonne auf ganzer Erde verdunkelt
- 80 % aller Lebewesen im Wasser, 50 % aller Lebewesen an Land gestorben
- Dinosaurier schon vorher durch die neu entstandenen Säugetiere geschwächt
- durch Meteorit dann endgültig ausgerottet

Das Subjekt

Zu einem vollständigen Satz gehört in der Regel neben dem Prädikat wenigstens ein **Subjekt.**
Dieses Satzglied kann durch die **Fragenprobe** ermittelt werden: Es antwortet auf die Frage
„Wer...? oder Was ...?".
Subjekte sagen im Satz aus, wer oder was etwas tut, veranlasst, handelt:
„*Manche Dinosaurier* rannten schneller als ein 100-m-Sprinter." – „Wer oder was rannte schneller...? –
Manche Dinosaurier ..."
Prädikat und Subjekt sind eng miteinander verbunden. Sie stimmen in Person und Numerus überein:
„Manche Dinosaurier" = 3. Person Plural / „rannten" = 3. Person Plural

1 *Umkreise die Satzglieder der folgenden Sätze. Erfrage zunächst Subjekt und Prädikat und unterstreiche das Subjekt blau,*
das Prädikat rot.

Im Erdmittelalter bestand die Erde aus einem einzigen von Meer umgebenen Kontinent.

Dort tauchte vor 230 Millionen Jahren ein kleines Reptil auf.

Aus diesem Reptil mit Namen Dinosaurier entwickelten sich dann die größten Tiere der ganzen Erde.

Manche Dinosaurier hatten Stacheln, Hörner oder Sonnensegel.

So viel wie 20 erwachsene Elefanten wog der Brachiosaurus.

Die meisten Dinosaurier fraßen verschiedene Pflanzen.

Sie beherrschten die Erde über 150 Millionen Jahre.

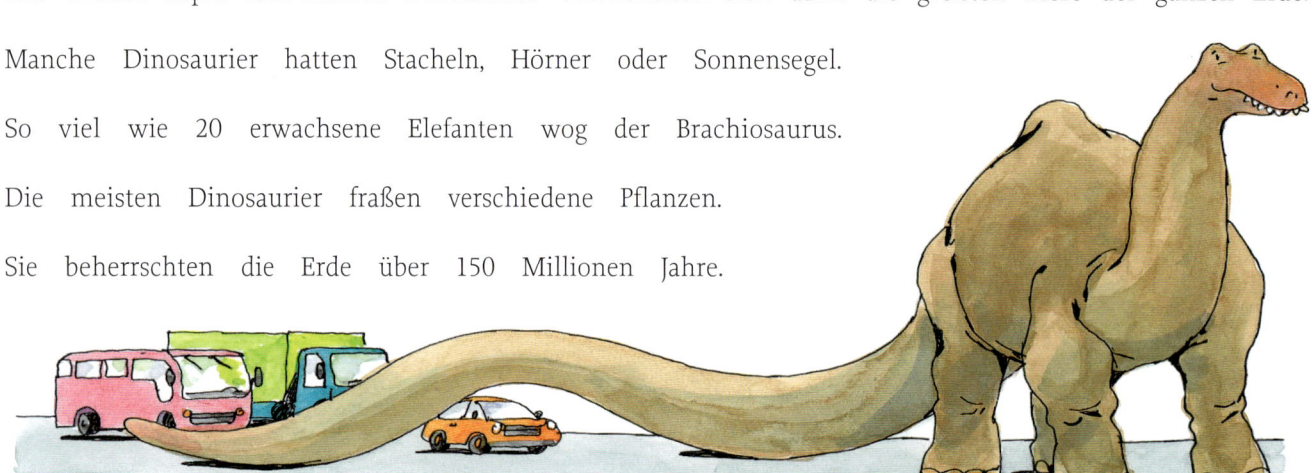

2 *a) Unterstreiche in der folgenden Geschichte das Subjekt blau und setze die passenden Personalformen ein.*
☆ *b) Schreibe die Geschichte in deinem Heft zu Ende. Unterstreiche anschließend die Subjekte in deinen Sätzen blau, die*
Prädikate rot.

Ein Dinosaurier ___*rettete sich*___ (sich retten) in unsere Zeit. Er _____ (spazieren) durch die Straßen

und _____ (spucken) dabei von oben auf die Häuser. So groß _____ (sein) er. Die Leute

_____ (staunen) nicht schlecht. Die Eltern _____ (verbieten) ihren Kindern, die Woh-

nung zu verlassen. Besonders mutige Kinder _____ (sich schleichen) dennoch aus dem Haus.

Ich _____ (beweisen) natürlich den größten Mut von allen. „Wenn du es _____ (wagen), den

Schwanz des Riesentieres hinaufzuklettern, _____ (machen) ich dir eine Woche lang die Hausaufgaben",

_____ (sagen) eines Tages mein bester Freund. Wir _____ (suchen) eine geeignete Stelle, um

dem Riesentier aufzulauern. Es _____ (kommen) und ich _____ (klettern) auf das Tier ...

Die Objekte

Viele Sätze enthalten außer Subjekt und Prädikat noch Objekte.
- ☐ Satzglieder, die man mit **„Wen ...? oder Was ...?"** erfragt, heißen **Akkusativobjekt:**
  „Max ruft *seine Eltern* an." – „Wen ruft Max an? – Seine Eltern ..."
- ☐ Satzglieder, die man mit **„Wem ...?"** erfragt, heißen **Dativobjekt:**
  „Danach gibt er das Handy *seinem Freund*." – „Wem gibt er danach das Handy? – Seinem Freund ..."

1 *Max war mit Freunden im Dinosauriermuseum. Er ist so begeistert, dass er noch auf dem Rückweg im Zug seine Eltern per Handy anruft. Die Verbindung ist schlecht, deshalb muss sein Vater häufig nachfragen.*
a) Formuliere die Fragen, die der Vater stellt, und bestimme das Satzglied, das nicht zu verstehen ist.
b) Ergänze die fehlenden Satzglieder. Schreibe die vollständigen Sätze in dein Heft.

So tönt es aus dem Telefon:	Der Vater fragt:	unverständliches Satzglied:
„Hallo, hier spricht ◎✿◎!"	*Wer spricht da?*	*Subjekt*
„Stell dir vor, ich habe im Museum ◎✿◎ gesehen."		
„◎✿◎ wurde so groß wie ein Kirchturm und schwer wie 20 Elefanten."		
„◎✿◎ hat uns alles genau erklärt."		
„Ich hätte ja gerne ◎✿◎ als Haustier. Aber die sind ja schon längst ausgestorben."		
„Die haben nämlich ◎✿◎ nichts getan, die haben nur Pflanzen gefressen."		
„Ich will unbedingt ◎✿◎ die Fotos zeigen."		
„Sag ◎✿◎ schöne Grüße von mir!"		
„Können wir vielleicht heute Abend ◎✿◎ essen?"		

Adverbiale Bestimmungen

> **!** **Adverbiale Bestimmungen** machen nähere Angaben über die Umstände einer Handlung, eines Vorgangs oder Geschehens. Sie können aus einem Wort oder einer Wortgruppe bestehen: „Dinosaurier waren *lange* die widerstandsfähigsten Tiere. *Mit vielen Strategien* schützten sie sich."
> Es gibt
> ☐ adverbiale Bestimmungen **des Ortes** (lokal); Frage: **„Wo ...? Wohin ...? Woher ...?"**
> ☐ adverbiale Bestimmungen **der Zeit** (temporal); Frage: **„Wann ...? Seit wann ...? Wie lange ...?"**
> ☐ adverbiale Bestimmungen **des Grundes** (kausal); Frage: **„Warum ...? Weshalb ...? Wozu ...?"**
> ☐ adverbiale Bestimmungen **der Art und Weise** (modal); Frage: **„Wie ...? Auf welche Weise ...?"**

1 *Bestimme die adverbialen Bestimmungen in den folgenden Sätzen mit Hilfe der Fragenprobe. Unterstreiche sie und gib jeweils an, um welche adverbiale Bestimmung es sich handelt.*

1. Die ersten Lebewesen der Erde entwickelten sich im Urmeer. _____

2. Dieses Urmeer bedeckte vor drei Milliarden Jahren die ganze Erdoberfläche. _____

3. Anfangs gab es nur Bakterien, Algen und Pilze. _____

4. Langsam entwickelten sich kleine Fische. _____

5. Einige Urtierarten haben wegen ihrer Widerstandsfähigkeit überlebt. _____

6. Mit Hilfe verschiedener Untersuchungen haben Forscher dies herausgefunden. _____

Vor 230 Millionen Jahren hatten sich auch auf dem Land viele Arten von Tieren durchgesetzt. Sie lebten auf Pangäa, dem einzigen existierenden Kontinent. Käfer und Wanzen entwickelten sich erstaunlich gut.
5 Es gab auch einen 2m langen Tausendfüßler. Die Kakerlake gab es damals schon, sie sah aus wie heute. Sie hat sich über so lange Zeit behauptet, weil sie sehr widerstandsfähig ist. Deshalb hat man noch heute Probleme, sie aus Küche oder Keller zu entfernen, wenn sie sich da einmal angesiedelt hat. 10

2 *Beantworte die folgenden Fragen zum Text. Stelle bei deiner Antwort die adverbiale Bestimmung an den Anfang des Satzes, um sie zu betonen.*

Wo lebten alle Tierarten des Landes?

_____

Wie entwickelten sich Käfer?

_____

Seit wann gibt es ungefähr die Kakerlake?

_____

Warum hat man noch heute Probleme, sie aus Küche oder Keller zu entfernen?

_____

Teste dich! – Satzglieder

3 *In den folgenden Sätzen ist jeweils ein Satzglied unterstrichen. Kreuze an, um welches es sich handelt.*

1. Um überleben zu können, muss jede Tierart in ihrer Umwelt eine Nische finden.
   - ☐ adverbiale Bestimmung des Ortes
   - ☐ Akkusativobjekt
   - ☐ Subjekt

2. In dieser Nische müssen die Tiere ausreichend Nahrung finden.
   - ☐ Dativobjekt
   - ☐ Prädikat
   - ☐ Subjekt

3. Außerdem darf es den Tieren dort weder zu warm noch zu kalt sein, das Klima muss also stimmen.
   - ☐ Akkusativobjekt
   - ☐ Dativobjekt
   - ☐ Subjekt

4. Schließlich darf es nicht zu viele und zu starke Feinde geben.
   - ☐ Prädikat
   - ☐ Akkusativobjekt
   - ☐ adverbiale Bestimmung des Grundes

5. Allerdings gibt es in der Natur keine Tierart, die für eine längere Zeit gar keine Feinde hat.
   - ☐ adverbiale Bestimmung der Art und Weise
   - ☐ Dativobjekt
   - ☐ adverbiale Bestimmung der Zeit

6. Es kommt eher darauf an, dass die Tierart eine Schutzstrategie entwickelt.
   - ☐ Subjekt
   - ☐ adverbiale Bestimmung der Art und Weise
   - ☐ Akkusativobjekt

7. Durch Verfärben der Außenhaut legen sich manche Tiere eine Art Tarnanzug zu.
   - ☐ adverbiale Bestimmung der Art und Weise
   - ☐ adverbiale Bestimmung des Grundes
   - ☐ Subjekt

8. Andere retten sich mit ihren schnellen Beinen vor den Feinden.
   - ☐ adverbiale Bestimmung des Ortes
   - ☐ adverbiale Bestimmung der Art und Weise
   - ☐ adverbiale Bestimmung des Grundes

9. Ein gutes Versteck bietet eine andere Möglichkeit zum Überleben.
   - ☐ Akkusativobjekt
   - ☐ Subjekt
   - ☐ adverbiale Bestimmung des Ortes

10. Der Igel ist ein typisches Beispiel, wie ein Tier sich außerdem schützen kann.
    - ☐ Subjekt
    - ☐ Dativobjekt
    - ☐ Akkusativobjekt

11. Ihm wachsen Stacheln.
    - ☐ Subjekt
    - ☐ Dativobjekt
    - ☐ Akkusativobjekt

12. Die Dinosaurier hatten sich gut in ihrer Nische eingerichtet, doch da begann das Klima sich zu verändern, es wurde kälter.
    - ☐ Prädikat
    - ☐ adverbiale Bestimmung der Zeit
    - ☐ adverbiale Bestimmung des Grundes

13. Zum Wärmen ihres Körpers brauchten sie als Kaltblüter aber die Wärme von außen.
    - ☐ adverbiale Bestimmung des Ortes
    - ☐ adverbiale Bestimmung des Grundes
    - ☐ adverbiale Bestimmung der Art und Weise

14. Außerdem wuchsen die Pflanzen in dieser Zeit nicht mehr so gut, es fehlte also Futter.
    - ☐ adverbiale Bestimmung des Ortes
    - ☐ adverbiale Bestimmung der Zeit
    - ☐ Prädikat

Satzgefüge

> In einem **Satzgefüge** ist einem Hauptsatz ein Nebensatz hinzugefügt. In Hauptsätzen findet sich meist die Hauptaussage, Nebensätze geben wichtige Zusatzinformationen.
>
> | Satzgefüge | Hauptsatz | + Nebensatz |
> |---|---|---|
> | Beispiel: | „Sie waren gefürchtete Piraten, | *weil* sie jedes Schiff *plünderten.*" |
> | Signale: | Komma | Konjunktion   Personalform des Verbs am Satzende |
> | Funktion: | Hauptaussage | Zusatzinformation: Grund |
>
> Der **Nebensatz** kann nicht ohne Hauptsatz stehen. Er ist dem Hauptsatz untergeordnet.
> Er beginnt oft mit einer **unterordnenden Konjunktion** (Bindewort), z. B. „weil", „während", „obwohl", „als"... Der Nebensatz endet mit der **Personalform des Verbs.**
> Haupt- und Nebensatz werden durch **Komma** voneinander getrennt.

Die Sage vom Seeräuber Claus Störtebeker (1)

Die Seeräuber um Claus Störtebeker waren gefürchtet, da in den letzten Jahrzehnten des 14. Jahrhunderts kaum ein Handelsschiff vor ihnen sicher war.

Die Piraten nannten sich „Vitalienbrüder" oder auch „Likedeeler" (Gleichteiler), weil sie einen Teil der Beute 5 gerecht an arme Leute verteilten. Der Name „Störtebeker" ist wohl vom plattdeutschen „Stürz den Becher" abgeleitet worden, da der Seeräuber angeblich einen riesigen Becher mit einem Zug leeren konnte.

Die Piraten unterstützten seit 1390 die mecklenburgi- 10 schen Herzöge in ihrem Kampf gegen das schwedische Königshaus, bevor sie auch gegen Dänemark und dann gegen alle Schiffe auf der Ostsee kämpften.

Als Mecklenburg und Dänemark 1395 Frieden schlossen, zogen sich die Seeräuber auf die Insel Gotland zurück. 15 Nachdem sie drei Jahre später von dort vertrieben worden waren, flohen die Piraten nach Ostfriesland. Weil die Häuptlinge der ostfriesischen Küste untereinander verfeindet waren und jeder nach Verbündeten im Kampf gegeneinander suchte, wurden die Seeräuber mit offenen 20 Armen empfangen. In den Fischerhäfen konnten sie sich mit ihren kleinen Schiffen gut verstecken, da die Küste zerklüftet und unübersichtlich war.

1 *Unterstreiche in dem Text alle Hauptsätze rot und alle Nebensätze blau.*

Die Sage vom Seeräuber Claus Störtebeker (2)

Die Hansestadt Hamburg ging 1400 mit Flottenverbänden gegen die Piraten vor, (weil) diese den Handel durch ihre Plünderungen störten. Nachdem Claus Störtebeker geflohen war, kam er nach Helgoland, seinem neuen

5 Stützpunkt. Von hier aus lief er mit der Flut aus und überfiel Schiffe vor der Elbe, bevor er mit dem Beginn der Ebbe wieder zurückkehrte.

Weil die Piraten den Handel zwischen Hamburg und England so sehr behinderten, wurde wieder eine Kriegs-

10 flotte von Hamburg aus geschickt. Obwohl die See-räuber heftig kämpften, wurden Störtebeker und seine Mannschaft besiegt und nach Hamburg gebracht. Ein Verräter soll das Steuerruder seines Schiffes mit Blei ausgegossen haben, weshalb Störtebeker nicht mehr lenken konnte. Er wurde mit seinen Kameraden gefan- 15 gen genommen und nach Hamburg gebracht. Nachdem er zum Tode verurteilt worden war, wurden er und seine Leute vermutlich 1401 hingerichtet. Der Sage nach lief er nach seiner Enthauptung noch mehrere Meter weit, bis ihm der Henker ein Bein stellte. 20

2 *Umkreise in der Fortsetzung des Textes alle unterordnenden Konjunktionen und unterstreiche die Nebensätze wieder blau.*

☆ **3** *a) Markiere von den folgenden Satzbruchstücken alle Nebensätze.*
b) Bilde anschließend aus den Haupt- und Nebensätzen sinnvolle Satzgefüge. Setze die Satzzeichen Komma und Punkt.

Der Kapitän ordnete die sofortige Umkehr in den sicheren Hafen an

brach ein gewaltiger Streit um den größeren Teil der Beute aus

obwohl die Schiffsleute die weiße Flagge gehisst hatten

weil die Wellen so hoch schlugen und die Mannschaft die Kontrolle verlor

als er durch das Fernrohr am Horizont das Piratenschiff entdeckte

Das Schiff kenterte

Das Handelsschiff wurde geentert

Nachdem sie die wertvolle Ladung erbeutet hatten

Satzreihe

> ! Eine **Satzreihe** besteht aus selbstständigen Teilsätzen (Hauptsätzen). Die **Hauptsätze** werden manchmal nur durch Komma voneinander getrennt. Hauptsätze erkennt man daran, dass die *Personalform des Verbs* an der zweiten Satzgliedstelle steht, wenn es sich um Aussagesätze handelt:
>
> „Die Wellen *schlugen* gegen die Schiffswand , das Schiff *drohte* zu kentern.“
>
> Oft werden die Hauptsätze durch eine **nebenordnende Konjunktion** (Bindewort), z. B. „und“, „oder“, „denn“, „aber“, miteinander verbunden:
> „Das Schiff *sollte* geentert werden, (doch) die Piraten *gelangten* nicht an Bord.“

Angriff auf die „Gloria“ (1)

Das Handelsschiff „Gloria“ befand sich auf hoher See, als Piraten den Angriff versuchten. Kapitän Hartfield wurde aus dem Schlaf gerissen, denn er hörte Holz splittern. Ein Enterhaken hatte sein Segelschiff an der
5 Reling getroffen, es krachte laut. „Es ist ein Überfall, wir müssen alle sofort an Deck!“ So rief er, während ein zweiter und dritter Enterhaken die Masten trafen. Das Schiff neigte sich zur Seite, Wellen schwappten aufs Deck, die Matrosen kletterten aufgeregt über die enge Treppe nach oben. Die Seeräuber zerrten an den Lei-10 nen, und sie zogen die „Gloria“ nah an ihr Schiff. Schon sprang der erste Pirat an Deck, aber einer der Matrosen durchtrennte mit seinem Messer die Leine des Enterhakens.

1 *Unterstreiche im Text (1) alle Satzreihen. Trenne die Hauptsätze der Satzreihen durch senkrechte Striche und umkreise die nebenordnenden Konjunktionen.*

2 *Fülle in Text (2) die Lücken mit passenden nebenordnenden Konjunktionen.*

doch   aber   und   und

oder   denn

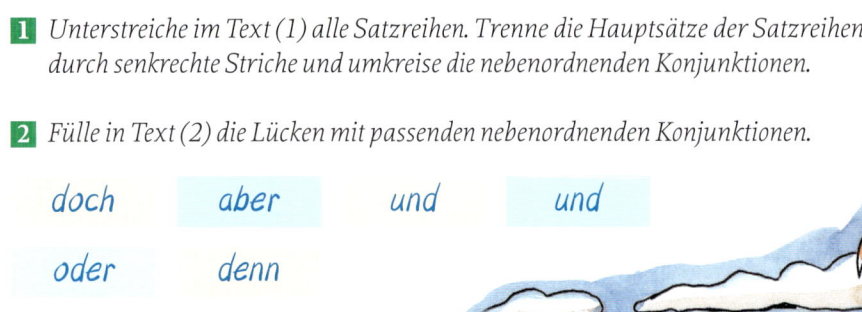

Angriff auf die „Gloria“ (2)

Ein Pirat nach dem anderen sprang auf die „Gloria“, _____ weitere Matrosen griffen zu ihren Messern, _____ jeder von ihnen durchtrennte schnell und geschickt die Leinen
5 der Enterhaken. Einer der Angreifer wollte gerade nach der Reling greifen, _____ er verlor den Halt. Die Schiffe drifteten wieder auseinander, _____ der Seeräuber fiel kopfüber ins dunkle, tosende Meer. Die Piraten an Deck der geenterten „Gloria“ kämpften, _____ sie 10 versuchten zu fliehen. Es blieb ihnen aber nur der Sprung ins wilde, eisige Wasser, _____ sie hatten keine andere Möglichkeit, wieder an Bord ihres Piratenschiffes zu gelangen.

Tipps zum Rechtschreiben

Richtiges Abschreiben

So machst du beim Abschreiben von schwierigen Wörtern möglichst wenig Fehler:

1. Lies das **ganze Wort** langsam und genau.
2. Überlege, was dir daran **schwierig** erscheint.
3. **Gliedere** das Wort in Teile, z. B. „Tee-kessel". Präge dir besonders die Teile ein, die neu für dich sind. Könntest du es jetzt ohne Stocken aufschreiben? Wenn du an einer Stelle unsicher bist, schau noch einmal auf das Wort.
4. Schreibe das Wort jetzt **auswendig** hin.
5. **Kontrolliere** deine Schreibung, indem du sie Buchstabe für Buchstabe mit der Vorlage vergleichst, zur Sicherheit auch einmal rückwärts, d. h. vom Wortende zum Wortanfang.

Das Ratespiel „Teekessel"

„Teekessel" ist ein Ratespiel für 10 bis 15 Personen. Es soll ein Wort geraten werden, das zwei verschiedene Bedeutungen haben kann, wie z. B. „Bank". Zum einen kann es eine Sitzgelegenheit bezeichnen, die vielleicht in
5 einem Garten aufgestellt ist. Das Wort „Bank" kann aber auch eine Institution benennen, bei der man ein Konto eröffnen kann.
Der Ablauf des Spiels sieht folgendermaßen aus:
Zwei Spieler gehen vor die Tür und denken sich ein „Tee-
10 kessel-Wort" aus. Wenn sie sich geeinigt haben, kommen sie wieder in den Raum und der erste Spieler beginnt z. B.: „Mein Teekessel besteht aus Holz." Der zweite Spieler entgegnet vielleicht: „Mein Teekessel ist aus Stein gemauert." Diese Unterhaltung der beiden Spieler dauert so lange, bis

einer der Mitspieler den doppeldeutigen Begriff genannt 15 hat. Der Spieler, der das ausgedachte Wort erraten hat, darf sich einen Partner suchen, mit dem er für die nächste Runde ein neues „Teekessel-Wort" auswählt. Gewonnen hat derjenige, der die meisten „Teekessel-Begriffe" herausgefunden hat.
20

1 *In diesem Text sind einige schwierige Wörter bereits markiert. Schreibe sie heraus. Gehe dabei so vor wie oben angegeben.*

_____

_____

_____

_____

2 *Du kannst dir die Wörter auch durch ihre besondere Gestalt einprägen. Ordne folgende Wörter den Wortumrissen zu:*

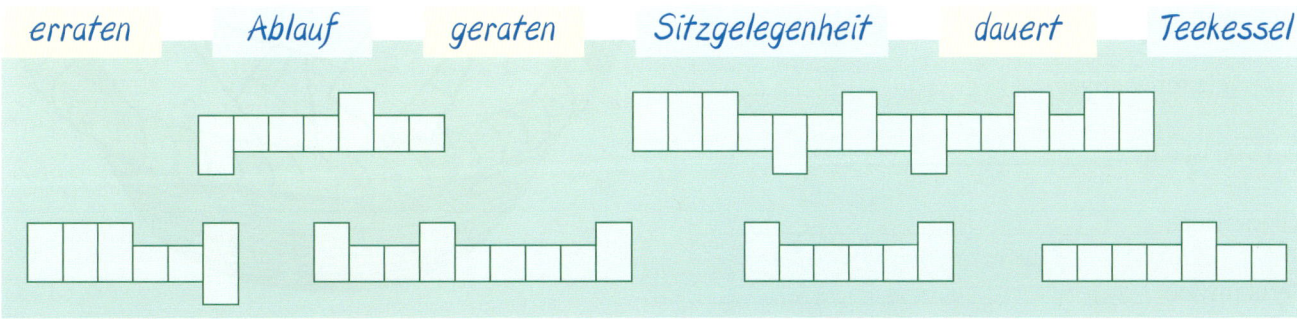

erraten   Ablauf   geraten   Sitzgelegenheit   dauert   Teekessel

1 *Schreibe zu den folgenden Wörtern verwandte Wörter auf. Unterstreiche die Vokale, von denen abgeleitet wurde.*

tr__ä__umen *der Traum, traumhaft,* _____   sie ernährte sich _____

Räuber _____

Häufchen _____

täglich _____

schälen _____

Häuptling _____

bärtig _____

er gräbt _____

tatsächlich _____

sich häuten _____

äußerlich _____

sich schämen _____

Männchen _____

☆ **2** *Suche das passende Wort aus dem Zettelkorb, trage es vollständig ein und schreibe jeweils ein verwandtes Wort auf, von dem du die richtige Schreibweise ableiten kannst.*

Das Kind der Kuh: *das Kälbchen, das Kalb* _____

So oft feiert man Silvester: _____

Farbe des Meeres: _____

Aufbewahrungsort für Schmuck: _____

Das ist ein schwieriges ...: _____

Der Wal ist ein ...: _____

Kleine Tiere: _____

Beruf im Zoo: _____

2. **Schreibprobe:** Um zu durchschauen, wie ein Wort geschrieben wird, kannst du es auch in seine **Bestandteile zerlegen**, z.B.:
„Würfelbrettspiel" → „Würfel + brett + spiel"
„Kartenspielbeschreibung" → „Karten + spiel + beschreibung"

Das Spiel „Wortkette"

„Wortkette" ist ein Kreisspiel für viele Teilnehmer. Es geht darum, zusammengesetzte Nomen zu bilden. Der erste Spieler denkt sich z.B. das Wort „Kartenspiel" aus. Der nächste Spieler muss jetzt den zweiten Teil dieser
5   Zusammensetzung für die Bildung eines neuen Begriffs

benutzen, z.B. „Spielanzug". Die Wortkette könnte mit Anzugstoff, Stofftier, Tierarzt, Arztrechnung usw. fortgesetzt werden.
Wer nicht weiter weiß, muss eine Runde aussetzen oder bekommt einen Minuspunkt.   10

3 *Schreibe die markierten Wörter aus dem Text heraus und zerlege sie.*

Wort + kette. _____

_____

_____

4 *Zerlege die Bandwurmwörter.*

Schornsteinfegerleitersprosse

_____

_____

_____

Fußballtorwartknieschoner

Schülerrucksackreißverschluss

_____

_____

_____

Feuerwehrautorücksitzbezug

Kinderfahrradvorderreifendruck

_____

_____

_____

Zoowärterkäfigschlüsselbund

_____

3. Schreibprobe: Wenn du nicht weißt, wie ein Wort im **Auslaut** (am Wortende) geschrieben wird, dann kannst du es durch **Verlängerung** herausfinden, indem du

☐ zu einem Nomen den Plural (Mehrzahl) bildest: „der Die**b** – die Die**b**e"

☐ aus einem Nomen ein Verb oder Adjektiv machst: „das Lan**d** – lan**d**en"

☐ ein Adjektiv mit einem Nomen beugst: „star**k** – eine star**k**e Frau"

☐ ein Adjektiv steigerst: „kal**t** – käl**t**er"

☐ zu Verben eine andere Form bildest: „er grä**b**t – sie gra**b**en"

5 *Setze bei den folgenden Wörtern **d** oder **t**, **g** oder **k**, **b** oder **p** ein. Bilde zuvor Verlängerungen.*

Hem___ – *die Hemden* _____   wil___ – _____

muti___ – _____   Ber___ – _____

er he___t – _____   Stau___ – _____

Ran___ – _____   Lo___ – _____

☆ **6** *Wie musst du im folgenden Gedicht die Lücken füllen?*
*Entscheide zwischen **d** und **t**, **g** und **k** und zwischen **b** und **p**. Wende die Verlängerungsprobe an.*

Christian Morgenstern

Der Zwölf-Elf

Der Zwölf-Elf he___t die linke Han___:

Da schlä___t es Mitternacht im Lan___.

Es lauscht der Teich mit offnem Mun___.

Ganz leise heult der Schluchtenhun___.

5 Die Dommel reckt sich auf im Rohr.

Der Moosfrosch lu___t aus seinem Moor.

Der Schneck horcht auf in seinem Haus;

Desgleichen die Kartoffelmaus.

Das Irrlich___ selbst macht Hal___ und Ras___

10 Auf einem win___gebrochnen As___.

Sophie, die Maid, hat ein Gesich___:

Das Mon___schaf geht zum Hochgerich___.

Die Galgenbrüder wehn im Win___.

Im fernen Dorfe schreit ein Kin___.

15 Zwei Maulwürf küssen sich zur Stun___

Als Neuvermählte auf den Mun___.

Hingegen tief im finstern Wal___

Ein Nachtmahr seine Fäuste ballt:

Dieweil ein später Wanderstrumpf

20 Sich nicht verlief in Teich und Sumpf.

Der Rabe Ralf ruft schauri___: „Krah!

Das En___ ist da! Das En___ ist da!"

Der Zwölf-Elf senkt die linke Han___:

Und wieder schläft das ganze Lan___.

Die Silbentrennung

> Mehrsilbige Wörter werden nach **Sprechsilben** getrennt, die man bei deutlich betontem Sprechen hören kann, z. B. „Schmet-ter-ling", „Wes-pe", „Zei-tungs-ver-käu-fer", „ver-zeh-ren".
> Das bedeutet: Einsilbige Wörter kann man nicht trennen, z. B. „Kind", „Tier", „eins".
> Auch ein einzelner Vokalbuchstabe wird nicht abgetrennt, z. B. „Igel".
> In Zweifelsfällen kommt in die neue Zeile nur ein Konsonant, z. B. „Kat-ze", „durs-tig", „es-sen".

1 *Lies die Wörter nach Sprechsilben gegliedert deutlich betont vor. Schreibe sie dann nach Silben getrennt auf.*

Freunde   China   nehmen

Briefmarken   fordern

Messe   Hotel

Rosine   Sammlung

Rabe   Wasser   Apfel

Knospe   Leder

Planet   Kasten

höchstens   putzig

Balkon   weiter   Handlung

Fenster   Marder   Eignung

Freun-de

> Die Buchstabenverbindungen **ck**, **ch** und **sch** werden nicht getrennt: „De-cke", „Wa-che", „Kir-sche".

2 *Schreibe folgende Wörter mit Silbentrennstrich auf:*

Bücher   Zucker   backen   Flasche   kriechen   drücken   Heuschrecke   matschen   Rücken

decken   Tasche   Racker   reichen   Masche   verstecken   Wäsche   Mädchen   Geschichte

Bü-cher

Das Alphabet

Im Wörterbuch stehen die Wörter in **alphabetischer Reihenfolge.**
Wenn du schnell nachschlagen willst, dann musst du dich im Alphabet gut auskennen.
Mit den folgenden Übungen kannst du testen, ob du das Alphabet beherrschst und
wie schnell du dich in einem Wörterbuch zurechtfindest.

1 *Hier fehlen einige Buchstaben des Alphabets. Ergänze sie.*

| A | | D | E | | | H | I | K | | L | | N | O | P | | R | S | T | | | W | | Y | |

2 *Wie heißt der nächste Buchstabe im Alphabet? Ergänze ihn.*

| C | | F | | J | | O | | R | | V | | X | |

3 *Nenne zu den Buchstaben A bis F Pflanzen, zu G bis L Kleidungsstücke, zu M bis S Nahrungsmittel und*
zu T bis Z Vornamen. Bei „schwierigen" Buchstaben, z. B. bei C, X und Y, hilft dir ein Wörterbuch weiter.

Pflanzen	Kleidungsstücke	Nahrungsmittel	Vornamen
Apfelbaum	Gürtel	Milch	Tobias
B	H	N	U
C	I	O	V
D	J	P	W
E	K	Q	X
F	L	R	Y
		S	Z

☆ **4** *Schreibe die folgenden Wörter in alphabetischer Reihenfolge auf.*

Spielminute   Spielleiter   Spielwaren   Spielfreude

Spielfigur   Spielhalle   Spielautomat   Spielbeginn   Spielkamerad

Spielautomat,

Groß- und Kleinschreibung

Satzanfänge und **Nomen** schreibt man **groß.**

1 *Welche Wörter sollte der Computer im folgenden Text rot unterkringeln? Spiele Rechtschreibprogramm!*

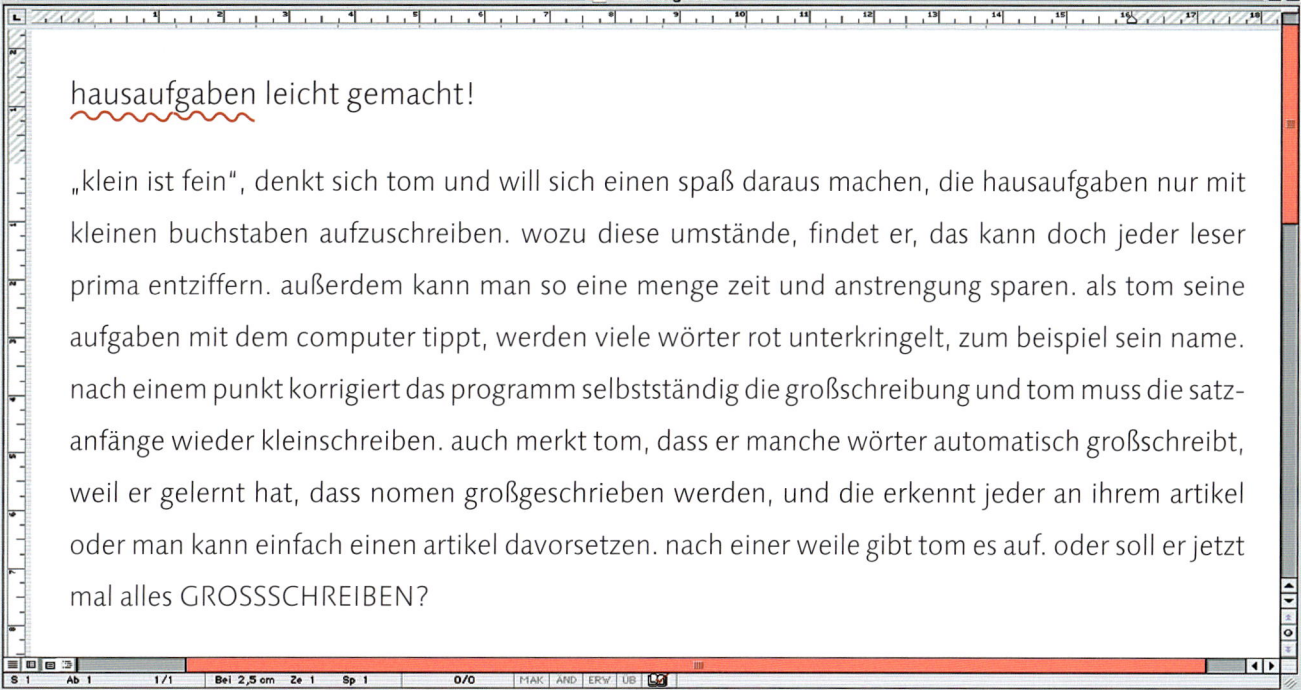

hausaufgaben leicht gemacht!

„klein ist fein", denkt sich tom und will sich einen spaß daraus machen, die hausaufgaben nur mit kleinen buchstaben aufzuschreiben. wozu diese umstände, findet er, das kann doch jeder leser prima entziffern. außerdem kann man so eine menge zeit und anstrengung sparen. als tom seine aufgaben mit dem computer tippt, werden viele wörter rot unterkringelt, zum beispiel sein name. nach einem punkt korrigiert das programm selbstständig die großschreibung und tom muss die satzanfänge wieder kleinschreiben. auch merkt tom, dass er manche wörter automatisch großschreibt, weil er gelernt hat, dass nomen großgeschrieben werden, und die erkennt jeder an ihrem artikel oder man kann einfach einen artikel davorsetzen. nach einer weile gibt tom es auf. oder soll er jetzt mal alles GROSSSCHREIBEN?

2 *Schreibe den Text mit der richtigen Groß- und Kleinschreibung ab.*

Hans Manz

Sätze, die sich in den Schwanz beißen

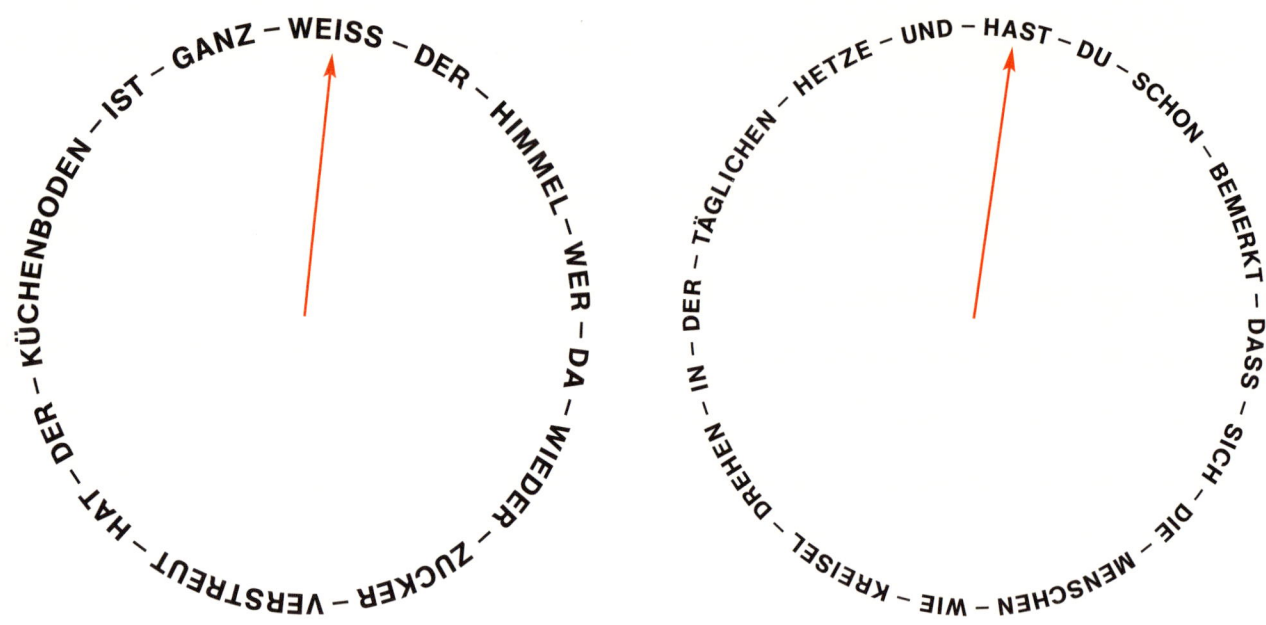

3 *Wo fangen die Sätze an und wo hören sie auf? Jeweils ein Wort hat zwei verschiedene Bedeutungen und muss zweimal mitgelesen werden. Schreibe die Sätze richtig auf und setze Satzzeichen. Hinweis: Wenn man nur Großbuchstaben wählt, wird „ß" zu „SS".*

☆ **4** *Tom probiert wieder eine neue Rechtschreibung am Computer aus. Dieses Mal verschiebt er die Wortgrenzen.*
a) Zeichne im folgenden Gedicht die richtigen Wortgrenzen ein.
b) Schreibe das Gedicht mit der richtigen Groß- und Kleinschreibung in dein Heft.

Hans Manz

Der|h Ut

War umw oh Lru ts Chtdemm an ned Ort,

derst üc kea usd erst Raß ebricht

mitd emsch wer enpres sluft bohr er,

Derh Ut Nichtv omge Sicht?

Derbohr er Rütt eltund Schütt eltd och?

Ja, ab Erd er mannbra Uchtkra ft un dschwi tzt,

soda ssihm derh Ut gutang Eklebt

a uf Demge beug Tenko Pfesi tzt.

> Wörter, die auf „-heit", „-keit", „-nis", „-ung", „-tum", „-schaft" enden, sind **Nomen** und werden deshalb **großgeschrieben:** z. B. *Fremdheit, Erlebnis, Eigentum, Tarnung, Gefangenschaft.*

5 *Bilde Nomen, indem du die richtige Endung ergänzt.*
Achtung: Manchmal musst du Singularformen, manchmal Pluralformen bilden.

Toms Fußballbegeister *ung* ist fast so groß wie seine Leiden_____ für Computer.

Dieses Mal hat er einen Zeitungsartikel verändert, indem er die Nomenend_____ einfach weggelassen hat:

Ratlosig_____ in der Nationalmann_____! Miserable Leist_____!

Das Spiel gegen Island endete mit einer Enttäusch_____. Das Ziel, die Rückerober_____ der Tabellen-

führ_____, wurde verfehlt. Die deutsche Nationalmann_____ hatte arge Schwierig_____. Ohne jegliche

Beschönig_____ meinte der Trainer: „Es fehlte die Laufbereit_____! Da gibt's keine Entschuldig_____!

Keiner wollte ein Wag_____ eingehen." Auf die Frage, ob die Krank_____ einiger Spitzenspieler ein

Hinder_____ gewesen sei, gab er die Erklär_____ ab: „Es standen genug gute Spieler zur Verfüg_____!

Es gab eben Hemm_____!" Die Sportreporter zeigten wenig Verständ_____ und stellten ein schlechtes

Zeug_____ aus: „Reinste Faul_____!" „Absolutes Ärger_____!" Dieses Ergeb_____ stehe in keinem

Verhält_____ zur Leist_____ bei der letzten Weltmeister_____. Ihnen sei wohl das Helden_____ zu

Kopfe gestiegen. Eitel_____ gehörten nicht auf den Platz.

Unter der Mann_____ selbst hatte sich Sprachlosig_____ breit gemacht. Nur einer meinte mit gespielter

Heiter_____: „Das Spiel kam einer Sonnenfinster_____ gleich. Aber: nach aller Erfahr_____ geht die Sonne

morgen wieder auf!"

6 *Bilde aus den folgenden Adjektiven und Verben Nomen, indem du die richtigen Endungen ergänzt.*
Schreibe sie mit ihrem Artikel auf. Achtung: Manchmal gibt es mehrere Möglichkeiten.

tapfer   brauchen   eitel   reich   erringen   kennen   umgeben

werben   verwandt   zeichnen   frei   eigen

die Tapferkeit,

_____

_____

_____

> Personen, die man **siezt,** werden mit den **Anredepronomen** „Sie", „Ihnen", „Ihre", „Ihr" angesprochen:
> „Wie geht es *Ihnen?* Ich hoffe, *Sie* hatten einen angenehmen Tag! Hat *Ihr* Training begonnen?"
> Diese höfliche Anrede verwendet man in Briefen, E-Mails, abgedruckten Interviews. Man schreibt sie **groß.**
>
> Bei Personen, die man **duzt,** werden die Anredepronomen „du", „dich", „dir", „ihr", „euch", „euer" in der Regel
> **kleingeschrieben.** Im Brief dürfen sie auch großgeschrieben werden.

7 *Trage in der folgenden E-Mail die fehlenden Anredepronomen ein.*

Betreff: Das letzte Spiel
Liebes Team,

ihr _____ habt super gespielt. Ich habe noch nie ein so spannendes Spiel von _____ gesehen. Aber das heißt nicht,

dass _____ _____ auf die faule Haut legen könnt. Denn _____ wisst ja: Nach dem Spiel ist vor dem Spiel. Und

_____ nächstes Spiel ist das schwerste. Aber ich habe da keine Sorgen: Mit _____ Teamgeist und _____ Aus-

dauer könnt _____ _____ Leistung steigern. Dafür ist natürlich hartes Training nötig – _____ kriegt das hin!

_____ Trainer

☆ **8** *Ergänze im folgenden Interview die fehlenden Pronomen.*
Vorsicht: Prüfe, ob sich die Pronomen auf die angeredete Person beziehen.
Nur dann werden sie großgeschrieben.

SPORTJOURNALIST: Das letzte Duell hat eine verblüffende Leistungssteigerung

_____ Mannschaft gezeigt. Wie erklären _____ sich diese Entwicklung?

TRAINER: Sicher haben _____ sich über die Mannschaftsaufstellung gewundert. Denn ich habe viele junge, eher

unerfahrene Spieler zum Zuge kommen lassen. Gerade _____ waren es, die dem Spiel die Impulse geliefert

haben, und _____ haben alle ein enormes Laufpensum absolviert.

SPORTJOURNALIST: Ich habe selten einen Trainer wie _____ erlebt, der sich so für seine Mannschaft eingesetzt hat.

Meinen _____, das hat _____ Mannschaft Auftrieb gegeben?

TRAINER: Die Spieler äußerten, dass _____ sich sehr von mir unterstützt gefühlt haben.

SPORTJOURNALIST: Irgendwie erinnern mich _____ Spieler in _____ Arbeitsmoral an mittelmäßige Schüler. Wenn

Klassenarbeiten anstehen, pauken _____ den Stoff, danach versinken _____ wieder in Trägheit.

TRAINER: Sehen _____, es wurde deutlich, dass die Spieler auch mit erheblichem Druck umgehen können und

_____ ganze Energie dann aufbringen, wenn es nötig ist. Ich sehe in _____ echte Profis.

SPORTJOURNALIST: Ich danke _____ für das Gespräch.

Diktate üben: Groß- und Kleinschreibung

Das Eigendiktat

Wenn du zu Hause ein Aufnahmegerät hast, kannst du dir einen Text selbst auf Band sprechen und abspielen. Nimm den Text einmal flüssig vorgelesen auf. Danach nimmst du ihn ein zweites Mal auf. Nun musst du langsamer lesen. Hol nach jeder Sinneinheit Luft und mach nach jedem Satz eine kurze Pause. An diesen Stellen kannst du später die Stopptaste drücken.

Fällt die Technik aus, kannst du auch so vorgehen: Lies den ganzen Text durch, damit du weißt, worum es geht. Sind dir Wörter aufgefallen, die dir fremd sind, z. B. „das Tambourin"?
Lies anschließend einen ganzen Satz durch. Schau dir schwierige Wörter etwas länger an, z. B. „jonglieren". Präge dir eine Sinneinheit ein, die du auswendig aufschreiben kannst. Kontrolliere anschließend den aufgeschriebenen Satz. Gehe den Text abschließend Satz für Satz durch.

9 *Führe mit der Geschichte von Gina Ruck-Pauquèt ein Eigendiktat durch.*
Die senkrechten Striche helfen dir, den Text in Sinneinheiten einzuteilen.

Gina Ruck-Pauquèt

Zirkus Pompononi

Jeden Abend | gab der Zirkus Pompononi seine Vorstellung. | Der Direktor sagte das Programm an, | die Pferdchen galoppierten durch die Manege, | der Löwe sprang durch den brennenden Reifen, | die Clowns schlugen Pur-
5 zelbäume, | die Seiltänzerin tanzte auf dem Seil | und der Seehund balancierte Bälle auf seiner Nase. | Aber leider | kamen jeden Tag | weniger Zuschauer in den Zirkus, | und eines Tages blieb die Kasse ganz leer. |
„Es muss etwas geschehen", | sagte der Zirkusdirektor. |
10 „Wir wollen es einmal anders machen", | schlug er vor. |
Und dann machten sie es so: | Der bunte Papagei sagte das Programm an. | „Meine Damen und Herren", | krächzte er. | „Der Zirkus Pompononi zeigt heute Abend | seine große Schau. | Sie sind alle herzlich unwillkommen." | Das
15 war zwar nicht ganz richtig, | aber ein Papagei | kann eben doch nicht so gut denken | wie ein Mensch. | Er hat ja auch einen viel kleineren Kopf. | Die Pferdchen setzten sich ins Orchester | und machten Musik. | Und die Musiker | hoben ihre Frackschöße hoch | und galoppierten durch die
20 Manege | – immer rundherum. Der Elefant zog ein Spitzenröckchen an | und tanzte auf dem Seil. | Der Löwe aber hielt den brennenden Reifen | und der Dompteur sprang hindurch. | Da kamen immer mehr Leute | in den Zirkus Pompononi | und bald waren sämtliche Plätze besetzt. |
Der Tiger jonglierte mit den Tellern. | Und dass sie dabei al- 25 le kaputtgingen, | machte ihm nichts aus. | Nach ihm trat der Bär auf. | Er schlug das Tambourin | und die dicke Frau Direktor | musste sich dazu im Kreise drehen. | Die Giraffe lief Rollschuh, | die Clowns zogen den Wagen, | in dem der Esel saß, | und die Äffchen tanzten Twist. Der Seehund 30 aber | setzte den Zylinderhut auf | und der Herr Direktor | balancierte die Bälle auf seiner Nase. | „Hurra!", | riefen die Zuschauer, | als die Vorstellung zu Ende war. | „Morgen kommen wir wieder!"

Kurze Vokale

> Nach **betonten kurzen Vokalen** folgen fast immer **zwei Konsonanten.**
> Du kannst sie meistens beim Hören gut unterscheiden, z. B. „Ko**pf**", „ru**nd**", „tu**rn**en".
> Hörst du nur einen Konsonanten, wird er beim Schreiben **verdoppelt**, z. B. bei „Ma**nn**", „we**nn**", „Su**pp**e", „Mu**tt**er".

Eugen Roth

Letzter Herbsttag

Der Herbsttag, bunt und leicht,
Ein Schmetterling hold,
Ein Pfauenauge,
Streicht
5 Durch den Himmel aus Blau und Gold.
Schau hin, wie er blitzt!
O zärtliche Stille, nun sitzt
Er dir auf der Hand.
Wie Wimpern regt
10 Er die Flügel, jetzt unbewegt,
Dass er Süßigkeit sauge,
Hat er die Schwingen zusammengelegt,
Dort
Ruht er an deines Herzens Rand ...

15 Sprich kein Wort!
Heb nicht die Hand!
Gleich fliegt er fort.

1 *Trage passende Wörter aus dem Gedicht in die Tabelle ein.*

2 *Umkreise den jeweiligen kurzen betonten Vokal farbig.*

Wörter mit zwei oder mehr **verschiedenen Konsonanten** nach betontem kurzem Vokal	Wörter mit **verdoppeltem Konsonanten** nach betontem kurzem Vokal
L*e*tzter	

Nach einem **betonten kurzen Vokal** kann auch ein Laut folgen, der mit mehreren verschiedenen Buchstaben geschrieben wird, z. B. **-ch**; **-ng**; **-sch** in „fla**ch**", „Di**ng**", „Tu**sch**e".

Nimm's sportlich: Wörter staffeln!

3 *Übertrage die Wörter so in die Kästchen, dass sich in dem gelben Feld von oben nach unten gelesen das Lösungswort ergibt.*

Sprung

Gewicht

Technik

Durchgang

Lösungswort
Dort findet ein Boxkampf statt:

_____

wach

Sperre

Staffel

Licht

Durchbruch

Rennen

Wechsel

Gewinner

zittern

Ball

Lösungswort
Gesucht wird ein anderes Wort für einen sportlichen Kampf:

_____

schwimmen

Paddel

auslassen

schnell

besser

Lösungswort
Dort findet Sport im Winter statt:

_____

4 *Schreibe alle Wörter aus den Kästchen heraus, bei denen nach kurzem betontem Vokal ein Laut folgt, der mit mehreren verschiedenen Buchstaben geschrieben wird. Beachte die Groß- und Kleinschreibung!*

Sprung, _____

_____

Teste dich! – Schreibung nach kurzem Vokal

5 *Ergänze die Regeln. Wähle jeweils zwei bis drei Beispiele aus dem „Kunterbunten Alphabet" von Eugen Roth aus.*

Regel 1: Nach betonten kurzen Vokalen folgen meist _____ ,

z. B. _____ .

Regel 2: Hörst du nur einen Konsonanten, _____ ,

z. B. _____ .

Regel 3: Nach einem betonten kurzen Vokal kann ein Laut folgen, der _____

_____ ,

z. B. _____ .

6 *Schreibe zu den Wörtern aus dem Text von Eugen Roth die Nummer der zutreffenden Regel.*

Eugen Roth

Aus dem „Kunterbunten Alphabet"

Gewiss (____) kann (____) Schweigen Gold (____) oft (____) sein.

Doch (____) bringt (____) auch Reden Geld (____) herein.

Im Morgenblatt (____) liest man genau:

Macht, Meinung, Mord (____) und Modenschau.

Dass (____) Wahl zur Qual wird (____), ist bekannt (____).

Doch (____) quengle (____) nicht als (____) Querulant.

Kaum sank der Sommer (____), sonnenreich (____) –

„Sauwetter!", (____) schimpft (____) ein jeder gleich.

Die Freizeit macht (____) die Massen (____) frei –

Für Fußball (____), Fernsehn (____), Fresserei (____).

Es schafft (____), wer nicht mehr kochen (____) kann (____),

Konserven sich (____) und Kühlschrank (____) an.

> **Sonderfälle tz/ck**
> Es gibt zwei Sonderfälle bei der Konsonantenverdopplung nach kurzem betontem Vokal:
> Statt verdoppeltem k schreiben wir **ck.**
> Statt verdoppeltem z schreiben wir **tz.**
> Merke dir: Nach **l, m, n, r** – das merke ja – steht nie tz und nie ck!

Rätselecke

7 *a) Bilde Wörter, die auf **ck** enden. Folgende Angaben helfen dir bei der Suche:*

			C	K
			C	K
			C	K
			C	K
			C	K

1. Der klebt manchmal an den Schuhen.

2. Zauberer wenden ihn an.

3. Befindet sich an alten Zimmerdecken, ist oft aus Gips.

4. Du kannst darauf schreiben.

5. Manche Buchseiten haben einen.

b) Wenn du alles richtig eingesetzt hast, ergibt sich ein neues Wort von links oben nach rechts unten gelesen: „Ein Autoreifen braucht ihn." Schreibe das Wort in die gelben Kästchen rechts.

c) Verändere nun in jedem Wort aus dem Rätselkasten die ersten zwei Buchstaben. Schreibe die Wörter in die leeren Kästchen unten. Die Angaben 6–10 helfen dir dabei.

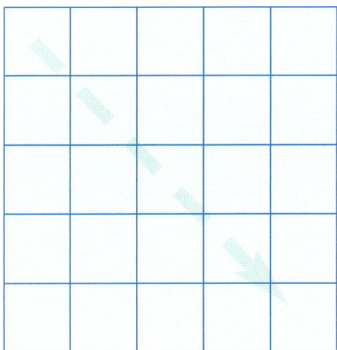

6. Damit fängt man Mäuse.

7. Wenn sich zwei Augenpaare begegnen.

8. Auch ein Fahrradreifen braucht ihn.

9. Manche benutzen ihn beim Wandern.

10. Diesen Zettel benutzen manche zum Schummeln.

		C	H			

*d) Auch hier gibt es ein Lösungswort. Allerdings musst du etwas tricksen: Ergänze den ersten Buchstaben um **ch.** Schreibe das Wort in die gelben Kästchen rechts.*

8 *Füge in die Lücken Wörter ein, die nach einem kurzen betonten Vokal ein **tz** enthalten:*

Sie ist kein Hund und keine Maus, lebt aber im Haus: _____ .

Manchmal jagt sie kleine Vögel, z. B. einen _____ .

Dieses Tier kann ganz schön _____ . Denn es hat vier starke _____ .

Langt das Tierchen auf die Nase ... autsch ..., dann heult manch einer _____ und Wasser

und zieht dabei 'ne _____ .

Trost muss her ... wie wär's mit _____ , frisch gebacken?

Reimwörter mit tz oder ck: „Auszählen" von 10 bis 0!

☆ **9** *a) Finde Reimwörter. Die Anzahl der gesuchten Wörter ist in Klammern angegeben.*
Achte auf die Groß- und Kleinschreibung. Manchmal hilft dir auch die Imperativform eines Verbs weiter.

[10] Stecken

Zecken, _____

_____

_____

_____

[9] spack

_____

_____

[8] Kratz

_____

_____

_____ **[7]** Zitze

_____

_____

[6] bestücken

_____ **[5]** protzen

_____

_____

_____

[4] Grütze

_____

_____ **[3]** Fetzen

_____

[2] Nichtsnutz

_____ **[1]** schwätzen

_____ **[0]** Knock-out!

b) Vielleicht kennst du einige Wörter nicht. Dann schlage sie in einem Rechtschreibwörterbuch nach.

der Stecken: anderes Wort für _____ **der Kratz:** _____

spack: _____ **die Zitze:** _____

Christian Morgenstern

Das Häslein

Unterm Schirme tief im Tann,

hab ich heut gelegen,

durch die schweren Zweige _____

reicher Sommerregen.

5 Plötzlich rauscht das nasse Gras –

stille! Nicht gemuckt! – :

Mir zur Seite _____

sich ein junger Has –

Doch das Häschen, unbewegt,

10 nutzt, was ihm beschieden,

Ohren weit _____ ,

Miene schlau zufrieden.

Ohne Atem lieg ich fast,

lass die Mücken _____ ;

15 still besieht mein kleiner Gast

meine Stiefelspitzen ...

Um uns beide – tropf – tropf – tropf –

Traut eintönig Rauschen ...

Auf dem Schirmdach – klopf – klopf – klopf ...

20 Und wir lauschen ... lauschen ...

Wunderwürzig kommt ein Duft

durch den Wald geflogen;

Häschen schnuppert in die Luft,

fühlt sich fortgezogen;

25 Schiebt allmählich seitwärts, macht

Männchen aller Ecken ...

Herzlich hab ich aufgelacht – :

Ei, der wilde _____ !

10 *In dem Gedicht vom „Häslein" fehlen fünf Reimwörter. Sicher kannst du sie ergänzen. Du bekommst aber ein paar Tipps.*

1. Strophe: Präteritum von „rinnt"
2. Strophe: andere Formulierung für „beugt"
3. Strophe: das Gegenteil von „(Ohren) gespitzt". Das Wort besteht aus vier Silben.
4. Strophe: ein anderes Wort für „hocken"
7. Strophe: ein anderes Wort für „Entsetzen"

11 *Umkreise mit verschiedenen Farben die doppelten Konsonanten sowie die Sonderfälle **tz** und **ck**.*
    Hinweis: Du musst 22 Markierungen vornehmen.

61

> **!** In **Fremdwörtern** steht nach kurzem Vokal oft nur ein einfaches **k.**

☆ **12** *Im Folgenden findest du verschiedene Worterklärungen. Finde das entsprechende Fremdwort.*
Hinweis: Jedes Kästchen steht für einen Buchstaben.

Jemand, der Bauwerke entwirft und ihre
Fertigstellung überwacht

Regelmäßiger Schlag oder auch rhythmische
Einheit eines Musikstücks

Planvolles Vorgehen, um ein bestimmtes Ziel zu
erreichen

Gaststätte, Restaurant

Schienenfahrzeug zum Antrieb der Eisenbahn

Man schreibt einen Text nach Ansage

Teil eines Bühnenstücks, Tätigkeit

neu, zeitgemäß

Etwas Zusammengeschnürtes, Postsendung

> **!** Es gibt nur wenige Wörter, die man mit **kk** schreibt. Kennst du die Bedeutung eines Wortes nicht, schlage
> im Wörterbuch nach.

☆ **13** *Übertrage die Wörter so in die Kästchen, dass sich in dem gelben Feld von oben nach unten gelesen ein neues Wort mit **kk** ergibt.*

Akkord

Makkaroni

Mokka

Akku

Marokko

Sakko

Akkusativ

62

Lange Vokale

Die meisten **betonten langen Vokale a, e, o, u** schreibt man mit einfachem Buchstaben, z. B. „Sch**a**le", „l**e**gen", „r**o**t", „Bl**u**me".
Bei einer kleineren Gruppe von Wörtern aber folgt nach dem betonten langen Vokal ein **h**, z. B. „S**ah**ne", „n**eh**men", „S**oh**le", „St**uh**l".
Das h erscheint oft in den Verbindungen **hl, hm, hn, hr** und bleibt auch in den verwandten Wörtern erhalten, z. B. „W**ahl** – w**ähl**en", „L**ehm** – l**ehm**ig", „H**uhn** – H**ühn**er", „**Uhr** – **Uhr**zeit".

1 *Bilde mit Hilfe der Wortsterne Wörter mit den einfachen langen Vokalen a, e, o, u.*

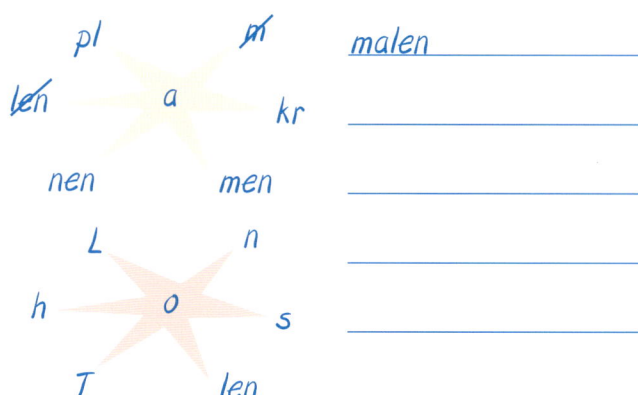

malen _____

_____

_____

_____

_____

_____

_____

_____

_____

_____

2 *Ordne die folgenden Wörter in die Tabelle ein.*

Zahl   Stuhl   Jahr   Bühne   zahm   Ruhm   ~~hohl~~   Rohr   Lehm   Sahne   stöhnen   Kahn   bohren   befehlen   führen   nehmen

- hl -	- hm -	- hn -	- hr -
hohl,			

3 *Schreibe aus den Wortringen alle Wörter heraus, die den langen Vokal mit **h** enthalten.*

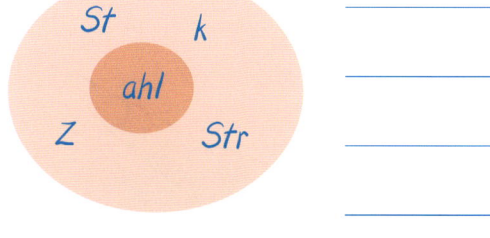

_____

_____

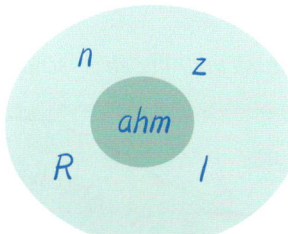

_____

_____

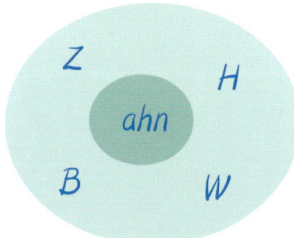

_____

_____

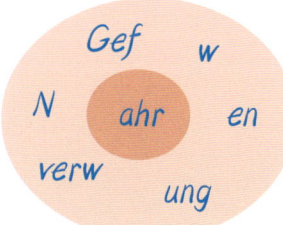

_____

_____

4 Bilde zu jedem Verb möglichst viele Wörter aus der **Wortfamilie.**

empfehlen: *die Empfehlung, empfehlenswert,*

befehlen:

stehlen:

lehren:

ehren:

kehren:

☆ **5** Schreibe aus dem Wörterversteck Wörter mit **eh** heraus. Du darfst Buchstaben doppelt verwenden.

S	X	C	V	W	O	T	P	Y
A	K	I	B	E	L	K	J	Z
B	E	F	E	H	L	E	R	E
D	H	E	H	R	E	H	X	H
F	R	S	T	E	H	L	E	N
S	E	H	R	N	M	E	H	R
F	N	A	K	B	A	J	O	W

waagerecht: *Befehl,*

senkrecht:

6 Diese Schlange hat viele Wörter mit und ohne **eh** verschlungen. Schreibe sie heraus. Du darfst Buchstaben doppelt verwenden.

7 *Ergänze die Verbformen in der folgenden Tabelle. Das **h** nach langem Vokal bleibt immer erhalten.*

Infinitiv	Präsens 1. Person Singular	Präsens 3. Person Singular	Präteritum 3. Person Singular	Präteritum 3. Person Plural
		er/sie/es lehrt		
				sie kehrten
verzehren				
				sie stahlen
	ich wehre			
			er/sie/es fehlte	

8 *Hier sind Wortsilben und Buchstaben durcheinander geraten. Setze sie richtig zusammen und bilde mit ihnen zusammengesetzte Wörter, die alle mit „Uhr" beginnen oder aufhören.*

Standuhr,
_____

_____

_____

_____

(Ziffernblatt mit Silben:) dnast · iorad · bandarm · mrut · krew · waldschwarz · chenkir · gitaldi · tiez · gerzei · danb · teket

9 *Bilde verwandte Wortformen.*

Plural: Stuhl – _____ Huhn – _____

Verben: Ruhm – _____ Gewohnheit – _____

Verkleinerung: Bohne – _____ Rohr – _____

☆ **10** *äh – was ist das?*

1. Kopfhaar eines Pferdes

_____

2. Macht man, wenn man müde ist

_____

3. Braucht man, wenn keine Brücke da ist.

_____

4. Wildpferde muss man ...

_____

5. Die Zwillinge sind sich ...

_____

6. Und hier die Lottozahlen wie immer ohne ... (Garantie)

_____

> **Silbenöffnendes h**
>
> Das silbenöffnende **h** nach langem betontem Vokal steht immer am Anfang der zweiten Silbe, z. B. „Hö-he",
> „dre-hen". Es trennt die Vokale am Ende der ersten und am Beginn der zweiten Silbe und erleichtert dadurch
> das Lesen.

1 *Bilde zu den folgenden Verben verwandte Wörter.*

drehen	verdrehen, der Drehstuhl,
nähen	
stehen	
drohen	

2 *Ergänze die folgende Tabelle mit den passenden Verbformen.*

| Infinitiv | Präsens | | Präteritum | |
	1. Person Singular	3. Person Singular	3. Person Singular	3. Person Plural
sehen		er/sie/es sieht		
gehen	ich gehe			sie gingen
fliehen				
glühen				sie glühten
mähen			er/sie mähte	
geschehen	–	es geschieht		
ruhen				

3 *Welche Wörter passen in die Zeilen?*   Kuh   Ruh   kräht   nah

Des Bauern liebste _____ fand abends ihre _____.

Am Morgen ganz _____ _____ der Hahn, hurra.

4 *Bilde die Pluralformen zu folgenden Nomen.*   der Schuh   die Krähe

_____   der Zeh

_____   die Mühe

_____   der Floh

Doppelvokale
Bei einigen Wörtern wird der **betonte lange Vokal a, e, o** durch Vokalverdopplung gekennzeichnet,
z. B. „Aal", „Klee", „Moos".

1 *Schreibe aus dem folgenden Gedicht alle Wörter mit Doppelvokal heraus und ordne sie in die Tabelle ein.*

Aal zum Frühstück

In Aachen steckte sich ein fröhliches Paar
die Federn eines Aars ins lockige Haar
(der Aar ist ein Adler in jeder Rätselfrage).
Der Mann brachte 100 Kilo auf die Waage,
5 aß schon zum Frühstück Aal mit Püree,
zum Nachtisch noch Erdbeeren in Gelee,
trank danach liebend gerne Kaffee
und schlief dann ruhig auf dem Kanapee.
Er liebte das Meer, vor allem die Nordsee
10 bei Langeoog, Spiekeroog oder Wangeroog
und bei Schleswig-Holstein den Koog[1],
wohin er gern per Flugzeug flog.

Er diskutierte mit dem Maat von der Saar,
über Marine, Heer und Soldaten
15 der Armeen vieler anderer Staaten.
Die Frau dagegen stand auf Diät
und liebte den Tee indischer Qualität.
In Bad Wiessee am Tegernsee
ging sie zur Kur und trank dort nur Tee.
20 Die Packung aus Moor
nahm sie mit Humor. Sie fror
beim Blick aus dem Fenster des Saals
auf moosbewachsene Tannen,
auf Kühe im Klee und Berge im Schnee.
25 Da kam ihr die Idee, mit dem Boot
zu besuchen den Zoo bei Morgenrot.

1 der Koog: eingedeichtes Marschland an der Nordseeküste

aa	ee	oo
Aachen,		

 2 *Finde Wörter mit **aa**.*

Krönungsort Karls des Großen

Unteroffizier bei der Marine

kraterförmiger See

schlangenförmiger Fisch

großer Raum

wächst auf dem Kopf

Gemeinschaft von Menschen innerhalb fester Grenzen

A	a				
	a	a			
	a	a			
A	a				
	a	a			
	a	a			
		a	a		

3 *Die häufigsten Wörter mit ee haben entweder **ee, eer** oder **eere** am Ende. Bilde diese Wörter mit Hilfe der Wortanfänge im Kasten.*

H Schn Gel Kaff Kl F	Heer, _____
All T Tourn Spr S Mosch	_____
B Komit Orchid M Sp	_____
Klisch Id Arm T Pür	_____

☆ **4** *Einige dieser Wörter sind Fremdwörter mit **ee** im Wortausgang. Löse das Rätsel.*

mit Zucker eingekochter Fruchtsaft   *das* _____

von Bäumen gesäumte Straße   *die* _____

Rundreise von Künstlern   *die* _____

Gesamtheit der Streitkräfte   *die* _____

abgedroschene Vorstellung   *das* _____

Bohnengetränk   *der* _____

breiförmige Speise   *das* _____

islamisches Gebetshaus   *die* _____

leitender Ausschuss   *das* _____

exotische Zierpflanze   *die* _____

5 *Setze folgende Wörter richtig zusammen.*

Seelen beet Blumen flagge	_____
Erd tee Lorbeer straße	_____
Fenchel beere Teer fee	_____
Märchen heil Reederei blatt	_____

6 *Setze passende Wörter mit **oo** in die Lücken. Bei manchen Wortzusammensetzungen musst du ein Fugen-s einsetzen, z. B. „Boot + -haus → Boot(s)haus".*

Zoo   doof   Moos   Boot   Moor

Die _____fahrt von Dirk und Julia führt auch ins _____, dessen Inseln mit dunkelgrünem

Torf_____ und feinem Wollgras, einer typischen _____pflanze, bedeckt sind. Julia ruft: „Vorsicht!

Ein Krokodil!" Dirk lässt vor Schreck ein Ruder ins Wasser fallen. Dann schimpft er: „Du bist _____! Krokodile

gibt es bei uns nur im _____, aber nicht hier. Aber gelegentlich werden hier _____leichen freigelegt,

Menschen, die seit Jahrhunderten tot sind." Julia bekommt bei dieser Vorstellung eine leichte Gänsehaut.

> **Langes „i" als „ie"**
> Mehr als drei Viertel aller Wörter **mit lang gesprochenem i** werden im Deutschen mit **ie** geschrieben, z. B. „Biene", „lieb", „wiegen". Das ist also die häufigste Schreibweise. Denke im Zweifelsfall daran.

Josef Guggenmos

Wenn Riesen niesen!

Sieben Riesen,
die mit bloßen Füßen
über nasse Wiesen liefen,
niesten mit ihren Riesennasen so laut,
dass von diesem Riesenniesen
sieben Wieselkinder,
die im dunklen Zimmer schliefen,
aufwachten und „Gesundheit" riefen.

1 *Unterstreiche alle Wörter mit **ie**. Schreibe sie dann in die Tabelle.*

Nomen	Verben	Sonstige Wörter

2 *Eine Reihe von Verben bildet das Präteritum (Vergangenheitsform) mit **ie**. Ergänze die folgende Tabelle*

Infinitiv	Formen des Präteritums mit ie	Infinitiv	Formen des Präteritums mit ie
schlafen	ich		wir liefen
	du riefst	scheinen	sie
scheiden	er		er blieb
	wir rieben	heißen	sie
raten	sie		du fielst
	du triebst	halten	du
meiden	ich		ich wies

3 *Immer dasselbe? Ergänze die Anlaute.*

-ieben (l, s, tr, sch, schr, bl, bel, st):   *lieben*

_____

-ieden (schm, m, s, hien, gesch, befr):   _____

_____

-iegen (s, kr, St, b, fl, ged, l, schw, vers, w):   _____

_____

-ielen (sp, f, sch, erz, D, versp, Schw):   _____

_____

-iegeln (sp, bes, aufw, str, vers, verr):   _____

_____

☆ **4** *Finde die passenden Wörter mit **ie**.*

schlechte Luft

bewaffnete Auseinandersetzungen

Steinplatten auf dem Dach

Vortäuschung

männliche Rinder

Schmuck

TIPP

Viele von Fremdwörtern abgeleitete Verben enden auf **-ieren,** z.B. „studieren", „addieren", „telefonieren".

5 *Ergänze die Tabelle.*

Nomen	Verben	Nomen	Verben
Diktat		Korrektur	
Adresse		Explosion	
Kontrolle		Programm	
Frisur		Nummer	
Protest		Kombination	

> Manchmal wird das lang gesprochene i nur mit einfachem **i** geschrieben, z. B. „mir", „dir", „wir".
> Dies ist auch oft so bei Fremdwörtern, z. B. „Brise", „Klima", „Kamin", „Maschine".

6 *Hinter den Sternchen verbergen sich Wörter mit einfachem **i**. Schreibe sie in vollständiger Form heraus.*

Der Einkauf

Gemäß dem Einkaufszettel kaufte die Kus✿, eine Blond✿, für die Schiffskant✿ zwecks Vitam✿ Mandar✿, Apfels✿, Ros✿, aber auch Gelat✿ und Margar✿

5 ein und schwang sich mit der Tasche auf ihre Rennmasch✿ (Rennrad). Bautz – der Bordstein war doch zu hoch! Wie eine Law✿ stürzten die Sachen auf die Straße. Ihre Term✿ konnte sie so nicht einhalten, und

10 in der Schiffskab✿ hielt der Koch ihr eine Gard✿predigt.

Kusine, _____

_____

_____

_____

_____

_____

☆ **7** *Gesucht sind Wörter mit einfachem **i**.*

Teil des Auges	_____
stacheliges Tier	_____
das Stäbchen im Kugelschreiber oder Sprengkörper	_____
gelbe Großkatze mit dunklen Streifen	_____
Staudämme bauendes Nagetier	_____
Motorentreibstoff	_____
im Wasser lebendes Raubtier	_____
gesellig lebendes Nagetier	_____

> Das lang gesprochene i wird nur in den Formen der Pronomen „ihm", „ihr", „ihnen" mit **ih** geschrieben.

8 *Setze die richtigen Formen der Pronomen „ihr", „ihm" usw. in die Lücken des folgenden Textes ein.*

Leonie füttert _____ Katze, verabschiedet sich von _____ Mutter und steigt auf _____ Fahrrad.

_____ Bruder begleitet sie auf seinem neuen Rennrad, das _____ viel bedeutet. Die beiden wollen zu

dem kleinen See fahren, der _____ so gut gefällt, und dort _____ Freunde treffen. Leonie ist älter als

_____ Bruder und kann schneller fahren. Sie lässt _____ nur überholen, wenn er _____ Ruck-

sack trägt. „Dafür esse ich nachher _____ Schokoriegel", denkt er sich.

s-Laut

> Der **s-Laut** kann mit **s, ss** oder **ß** geschrieben werden.
> Ein **stimmhafter** (weich gesprochener) **s-Laut** wird immer mit einfachem **s** geschrieben.
> Ein **stimmloser** (hart gesprochener) **s-Laut** wird entweder mit **s, ss** oder **ß** geschrieben.

Das 𝒮 in der Küche

Bei uns im Haus wohnt ein kleines 𝒮. Sobald wir morgens das Haus verlassen haben, saust 𝒮 in die Küche. Dort gefällt es ihm besser als in jedem anderen Raum. 𝒮 stößt dort auf viele andere kleine und große 𝒮 und gele-

5 gentlich auch auf einen nahen Verwandten, ein ß. Sie alle haben eine wichtige Stellung in den Küchensachen und damit eine große Bedeutung für das Essen. So tummeln sie sich zum Beispiel in Messern, Schüsseln und Kesseln, in den Gefäßen für Salz und Zucker, in den Dosen für So-

10 ßenpulver und Tortenguss. Dem kleinen 𝒮 graust es nur ein bisschen vor der Essigflasche – die riecht schon so sauer. Den Schrank mit den Süßigkeiten dagegen besucht

𝒮 besonders gern. Dort genießt 𝒮 das Zusammensein mit den süßen Speisen und wäre am liebsten selbst ein kleines 𝒮 in der Nussschokolade.

15

1 *Unterstreiche im Text alle Wörter mit s-Laut.*

2 *Sprich die unterstrichenen Wörter deutlich aus und schreibe alle Wörter mit **stimmhaftem s-Laut** heraus.*

sobald, _____

_____

_____

3 *Sortiere die Wörter mit **stimmlosem s-Laut** in folgende Tabelle.*

s	ss	ß
uns,	*verlassen,*	*stößt,*

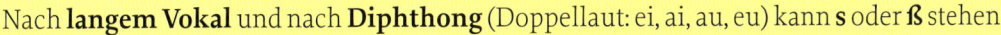

> Nach **langem Vokal** und nach **Diphthong** (Doppellaut: ei, ai, au, eu) kann **s** oder **ß** stehen.
> ☐ Das **stimmlose s** wird mit einfachem **s** geschrieben, wenn es eine Ableitung oder Verlängerung mit stimmhaftem s-Laut gibt,
> z. B.: „löst → lösen"; „Glas → Gläser"; „Eis → eisig"
>
> ☐ Bleibt der s-Laut auch in der Ableitung oder Verlängerung **stimmlos,** wird er mit **ß** geschrieben,
> z. B.: „Fuß → Füße"; „heiß → heißer"

4 *Bilde Ableitungen oder Verlängerungen zu den folgenden Wörtern, in denen das stimmhafte s zu hören ist. Trage dann die richtige s-Schreibung im vorgegebenen Wort ein.*

Häuser _____ → Hau **s**

_____ → Hal___

_____ → Auswei___

_____ → Ga___

_____ → Grei___

_____ → Krei___

_____ → Gra___

_____ → die___

_____ → Verlie___

_____ → Fel___brocken

_____ → Bla___kapelle

_____ → Bo___heit

_____ → Rö___chen

_____ → Wei___heit

_____ → Hö___chen

_____ → Gla___kugel

_____ → Blä___chen

_____ → Mäu___chen

5 *Entscheide mit Hilfe von Ableitungen oder Verlängerungen, ob in den folgenden Wörtern ß oder einfaches s steht.*

Der Wind sau **s**_te und brau___te ums Haus. .... _sausen,_ _____

Wenn du mich grü___t, ist der Tag versü___t. .... _____

Welch Gegensatz: Das Auto ra___t, die Kuh gra___t. .... _____

Der Wasserfall flie___t und schie___t in die Tiefe. .... _____

Der Dichter prei___t, was Liebe hei___t. .... _____

Lie___t du oder dö___t du nur? .... _____

Wer lange rei___t, der spei___t auch gerne unterwegs. .... _____

Das Lokal schlie___t, der Gast genie___t den letzten Schluck Kaffee. .... _____

> Folgt auf einen **kurzen betonten Vokal** ein **stimmloser s-Laut**, dann wird meistens **ss** geschrieben, z.B. „Ki**ss**en"; „fre**ss**en".

6 *Trage die richtige s-Schreibung in die folgenden Wörter ein und finde so viele Reimwörter, wie Schreiblinien vorgegeben sind.*

Ebbe und Flut der Reime

Wa____er   Ro____   Ta____e   A____

_____

Ku____

_____   _____   _____

_____   me____en   _____

fa____en   _____   _____

Po____e   _____   _____

mü____en   _____

☆ **7** *In den folgenden Sätzen fehlen jeweils zwei Wörter ganz oder teilweise, von denen eines mit **ß** und eines mit **ss** geschrieben wird. Trage die Wörter in die Tabelle ein.*

Manchmal geht Leo Frau Hein, die alte Nachbarin, besuchen. Dann redet Frau Hein ohne Pause auf ihn ein:
1. „Ja, hallo, Leo, komm rein! Dieser wunderschöne ✿ Feldblumen gehört aber dringend in eine Vase mit ✿!
2. Möchtest du vielleicht etwas von diesem köstlichen ✿pudding mit gerösteten Hasel✿?
3. Habt ihr Kinder aus deiner ✿ denn auch schon ✿ für den Basar gebastelt?
4. Bestell deiner Lehrerin bitte viele ✿, ich würde gerne mit ihr mal wieder eine ✿ Kaffee trinken!
5. Ach schau, jetzt hat mein Hundchen so lange brav auf meinem ✿ ✿.
6. Aber jetzt ✿ es mal raus, auf die ✿!
7. Hättest du nicht vielleicht ✿ daran, mit ihm eine Runde ✿ zu gehen?"
   „O ja, gerne!", ergreift Leo erleichtert die Gelegenheit, dem Wortschwall von Frau Hein zu entkommen.

ß nach langem Vokal oder Diphthong	ss nach kurzem Vokal
1. Strauß	1.
2.	2.
3.	3.
4.	4.
5.	5.
6.	6.
7.	7.

> Bei manchen verwandten Wörtern in einer Wortfamilie und bei manchen Wortformen wechselt die Länge oder Kürze des Vokals vor dem s-Laut. Entsprechend wird nach kurzem betontem Vokal **ss,** nach langem Vokal und nach Diphthong (Doppellaut) **ß** geschrieben,
> z. B. „verge**ss**en ➜ verga**ß**"; „la**ss**en ➜ lie**ß**".

8 *Setze* **ss** *oder* **ß** *in den folgenden Text ein.*

Ein verrückter Tag

Clara seufzt. Was für ein langweiliger Tag! Niemand da und nichts pa_____iert. Sie geht nach drau_____en, auf die

Terra_____e, in den Garten. „Aus mir soll noch ein Spro_____ sprie_____en!", erklärt die Sonnenblume und reckt und

streckt sich. „Ich mu_____ noch einen Gu_____ gie_____en!", sagt die Gie_____kanne und wirft einen strafenden

Blick auf die glei_____ende Sonne. „Ich will noch einen Bi_____ bei_____en!", summt die Wespe, fliegt aber, Gott sei

Dank, in die andere Richtung. Clara macht das Gartentor auf und tritt auf die Stra_____e. „Ich mu_____ noch in den

Flu_____ flie_____en!", murmelt das Bächlein und plätschert leise mit seinem Wa_____er weiter. „Ich werde jetzt das

Zeitma_____ me_____en!", tönt die Kirchenuhr und schlägt die volle Stunde. Da vorne ist der Eisladen. „Willst du

mich nicht mit Genu_____ genie_____en?", fragt das Eis verführerisch. „Endlich eine gute Idee!", denkt Clara. Sie

i_____t ihr Eis und seufzt. Was für ein verrückter Tag! Gibt es denn niemand, der das Wi_____en wei_____, wie man

aus diesen verrückten Dingen und ihrer verrückten Sprache einen Schlu_____ schlie_____en kann?

TIPP

> Einige häufig gebrauchte Wörter und ihre Ableitungen werden entgegen den Regeln nicht mit ß oder ss, sondern mit einfachem **s** geschrieben, z. B. „au**s** – herau**s**", „wa**s** – etwa**s**", „bi**s** – bi**s**her". Diese Wörter musst du dir einprägen. Nimm sie am besten in deine Rechtschreibkartei auf.

☆ **9** *Ergänze die richtigen s-Schreibungen im folgenden Text. Schlage im Wörterbuch nach, wenn du unsicher bist.*

Al_____ der Mann au_____ dem Hau_____ herau_____kam, blickte er

vor_____ichtig nach recht_____ und link_____. Au_____er ihm war niemand auf der Stra_____e. Er fragte sich

allerding_____, we_____en Auto da im Parkverbot stand. E_____ war wahrscheinlich der Wagen de_____ Bäckers.

Der schaute gerade au_____ der Backstube nach drau_____en. „Es kann nicht mehr lange dauern, bi_____ eine Poli-

te_____e hier vorbeikommt!", rief der Mann ihm warnend zu. „Bi_____lang habe ich noch immer Glück gehabt!",

grin_____te der Bäcker. „Da_____ mu_____ jeder selber wi_____en!", antwortete der Mann und stellte sich an die

Bu_____haltestelle, bi_____ der Bu_____ kam, au_____ dem eine Frau in Uniform au_____stieg …

☆ **10** a) *Löse das Kreuzworträtsel. Für*  *musst du jeweils ein Wort finden. Schlage in einem Rechtschreibwörterbuch nach, wenn du bei der Schreibweise unsicher bist. (Umlaute ä = ae, ü = ue)*

Waagerecht:
1. Etwas, worüber man sich aufregt
2. Beerdigung
3. Sein Zustand ist ☐ erregend.
4. So war das nicht gemeint – hier handelt es sich um ein ☐.
5. Am Ende jedes Halbjahres gibt es ein ☐.
6. Zahnkrankheit
7. Ballsportart
8. 3 ☐ 2 macht 5.

Senkrecht:
1. Dieses Geschenk bekommen Sie ☐ zu Ihrem Einkauf.
2. Etwas, das nur wenige wissen
3. Beziehung
4. Herbstfrucht (Halloween!)
5. Buch mit vielen Landkarten
6. Fahrzeug für viele Leute
7. Dunkelheit
8. weniger (mathematisch)

b) *Bilde den Plural zu den Wörtern des Kreuzworträtsels, bei denen dies möglich ist.*

Plural: *Ärgernisse,*

kein Plural möglich:

Teste dich! – Schreibung des s-Lauts

11 *An dem folgenden Märchen kannst du testen, ob du die Schreibung der s-Laute sicher beherrschst: Ergänze* **s, ss** *oder* **ß.**

Wer schenkt, mu_____ auch teilen können. Ein Märchen aus Ru_____land

Nicht weit von Kiew lebte ein armer Bauer, bei dem war Schmalhans Küchenmeister. Kinder besa_____ er wie Spreu[1],

aber ansonsten nur eine einzige Gan_____. Lange hütete er sie mit seiner Familie wie einen Augapfel. Aber als sie gar

nichts mehr zu bei_____en hatten, schlachtete das Bäuerlein die Gan_____. Er briet den Vogel und stellte ihn auf den

Tisch. Nun konnte es lo_____gehen mit dem E_____en. Aber es war kein Brot da, und Kartoffeln gab es auch nicht.

5 Nicht einmal eine Pri_____e Salz hatten sie in der Do_____e. Da sagte das Bäuerlein zu seiner Frau: „Wie sollen wir die

Gan_____ ohne Salz und Brot genie_____en? Wi_____t ihr was? Ich schenke sie unserer Herrschaft aus Verehrung

und zu ihrem Prei_____. Vielleicht lä_____t sie mir dafür etwas Brot und andere gute Dinge." „Versuche es nur, mein

Lieberchen", entgegnete die Frau, und die Kinder hie_____en es auch gut. „Ich habe Euer Gnaden aus Verehrung eine

Gan_____ zur Spei_____e gebracht!", sagte der arme Schlucker, als er zu seiner Gutsherrschaft ins Schlo_____ kam.

10 „Ich danke dir, Bäuerlein!", entgegnete der Gutsherr. „Aber wer schenkt, mu_____ auch teilen können – teile

die_____e Gan_____ unter meiner Familie zu gleichen Teilen! Wenn du rechtes Ma_____ nimmst, wird es dein

Schade nicht sein. Wenn nicht, füttere ich dich blo_____ mit Birkenbrei." Und er legte eine Rute aus birkenen

Reisern[2] vor sich hin. Der Herr hatte au_____er seiner Frau zwei Söhne und zwei Töchter, und alle sech_____ stellten

sich nun um den Bauern und seine Gan_____ herum. Dieser nahm sein Me_____er und begann zu schneiden.

15 Zunächst schnitt er der Gan_____ den Kopf ab und reichte ihn dem Herrn. „Du bist das Haupt der Familie, de_____halb

kommt dir der Kopf zu." Dann trennte er den Stei_____ von der Gan_____ und übergab ihn der Frau. „Du sollst zu

Hau_____e sitzen und die Wirtschaft überwachen – de_____halb wei_____e ich dir den Stei_____ zu." Darauf

schnitt er die Fü_____e ab und übergab jedem Sohn einen. „Dir und dir gebührt ein Fu_____, denn ihr sollt in die

Fu_____stapfen eures Vaters treten." Schlie_____lich lö_____te er die Flügel vom Rumpf der Gan_____ und gab den

20 Töchtern je einen. „Ihr werdet nicht ewig und drei_____ig Tage bei den Eltern sein – ihr werdet gro_____, verla_____t

das Nest und hier habt ihr dazu die Flügelchen!" Damit drehte er sich im Krei_____ der Familie um. „Ich denke, alle sind

zufrieden, und ich bin es auch. So nehme ich den Rest der Gan_____."

Der Gutsherr grin_____te, beschenkte den Schlauberger mit einem gro_____en Sack Salz, einer Schü_____el voller

Brote, einem Fa_____ Wein, einem Beutel mit Rubelchen und entlie_____ ihn.

1 **Spreu:** Getreidehülsen, Abfall beim Dreschen; hier: große Anzahl
2 **Reiser:** dünne Zweige

12 *Überprüfe deine Regelkenntnisse zum s-Laut, indem du folgende Aussagen ergänzt oder die richtigen Ergänzungen ankreuzt.*

A Der _____ s-Laut in „E_____en" (Z. 4) und „Me_____er" (Z. 14) wird als _____ geschrieben,

weil der s-Laut hier auf einen _____ , _____ Vokal folgt. Drei weitere Beispiele

aus dem Text für diese Schreibweise sind: _____ (Z. _____),

_____ (Z. _____), _____ (Z. _____).

B „bei_____en" (Z. 3) wird mit _____ geschrieben, weil

☐ der s-Laut auf einen langen Vokal folgt.

☐ andere Formen des Verbs (z. B. „bi_____") die gleiche Schreibweise haben.

☐ der s-Laut auf einen Diphthong folgt.

C In „Gan_____" (Z. 2) wird der _____ s-Laut mit _____ geschrieben, denn bei der

_____ des Wortes (= _____) ergibt sich ein _____ s-Laut.

D Das Wort „lö_____te" (Z. 19) wird mit _____ geschrieben, weil

☐ der s-Laut in diesem Wort stimmhaft gesprochen wird.

☐ der Infinitiv des Verbs (lö_____en) einen _____ s-Laut hat.

☐ der Vokal vor dem s-Laut lang gesprochen wird.

E In „Fu_____" (Z. 18) folgt der _____ s-Laut einem _____

und bleibt bei der Verlängerungsprobe („_____", Z. _____) _____.

Deshalb schreibt man das Wort mit _____. Ein weiteres Wort für diese Regel findet man z. B. in Z. _____:

„_____"; Verlängerungsprobe: _____.

F In „verla_____t" (Z. 20) und „entlie_____" (Z. 24) wird der s-Laut unterschiedlich geschrieben, weil

☐ es zwei verschiedene Verben sind.

☐ es sich einmal um ein stimmhaftes s und einmal um ein stimmloses s handelt.

☐ weil einmal ein kurzer und einmal ein langer Vokal vor dem stimmlosen s-Laut steht.

st/sp/sch

Der Zischlaut „sch" wird vor **t** und **p** als **s** geschrieben, sonst immer **sch.**

1 *Schreibe aus dem Vorrat der Wortteile die passenden in die Tabelle und streiche sie anschließend durch.*

Stö-   ~~stak-~~   Spröss-   Span-   Schafs-   stö-   ~~Spach-~~

Stepp-   scheu-   Spi-   Schluss-   schlum-   sta-   Spei-

steh-   ~~Schi-~~   Sprüh-   schäu-   Stern-   Spie-   Schat-

sp		st		sch	
Spachtel	~~-tel~~	staksen	~~-sen~~	Schilift	~~-lift~~
_____	-ge	_____	-decke	_____	-mern
_____	-cher	_____	-rung	_____	-men
_____	-gel	_____	-tisch	_____	-satz
_____	-dose	_____	-bild	_____	-pelz
_____	-ling	_____	-ckeln	_____	-ern
_____	-rale	_____	-len	_____	-ten

2 *Wie muss man die Lücken füllen: mit einem **s** oder **sch**? Achte auf die Großschreibung von Nomen!*

Dieter Mucke

Baden

Nackt den heißen Körper kühlen

_____ weiß von Leib und Seele _____ pülen

_____ werelos im Wasser _____ weben

Fi_____ en _____ tumm die Flosse geben.

Auf Unendlich _____ tellen die Augen

Sich voll blaue Ruhe saugen

Mit den Wolken ein _____ tück treiben

Neu gebor'n dem See ent _____ teigen.

x/chs/ks/cks/gs

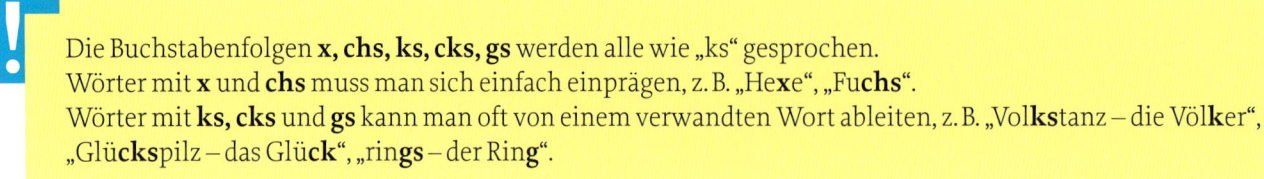

Die Buchstabenfolgen **x, chs, ks, cks, gs** werden alle wie „ks" gesprochen.
Wörter mit **x** und **chs** muss man sich einfach einprägen, z. B. „He**x**e", „Fu**chs**".
Wörter mit **ks, cks** und **gs** kann man oft von einem verwandten Wort ableiten, z. B. „Vol**ks**tanz – die Völ**k**er",
„Glü**cks**pilz – das Glü**ck**", „rin**gs** – der Rin**g**".

1 *Ordne die folgenden Wörter mit dem ks-Laut in die drei Spalten ein und finde verwandte Wörter, von denen du die Schreibung des ks-Lauts ableiten kannst.*

wenigstens · Knicks · sonntags · links · anfangs · Häcksel · unterwegs · zwecks · tagsüber · Klecks · lenkst · Mucks · Koks

cks	gs	ks

☆ **2** *Welche Wörter mit **x** sind gemeint?*

dumme Späße			X		
Mietauto			X	
Meeresjungfrau			X	
böse Frau			X	

Küchengerät			X		
sportlicher Faustkämpfer			X		
Verschwendung			X		
Nachschlagewerk			X			

☆ **3** *Hier sind die Buchstaben der Wörter in den Mixer geraten. Schreibe die richtigen Wörter mit **chs** auf. Denke an die Groß- und Kleinschreibung.*

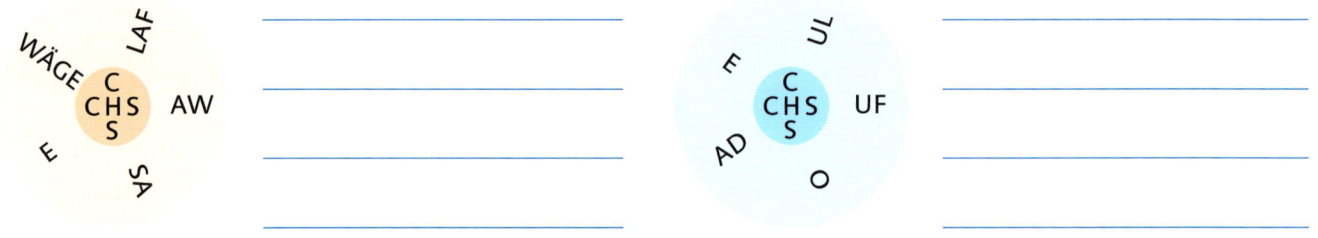

Das Komma bei Aufzählungen

Aufzählungen können aus Wörtern oder aus Wortgruppen bestehen. Sie werden durch ein Komma getrennt, z. B.: „Rico ist ein *kreativer, engagierter und lebhafter* Junge."
Wenn die Aufzählungen durch Konjunktionen wie „und", „sowie", „oder", „entweder ... oder", „sowohl ... als auch" oder „weder ... noch" verbunden sind, entfällt das Komma, z. B.: „Doch Rico ist *weder* entschlussfreudig *noch* führt er seine angefangenen Arbeiten zu Ende."

1 *In der Geschichte „Arbeit, Arbeit, Arbeit" fehlen die Kommas bei den Aufzählungen. Füge sie an den entsprechenden Textstellen ein.*

2 *Markiere die Textstellen, wo eine Aufzählung bzw. ein Teil der Aufzählung durch eine Konjunktion verbunden ist, sodass kein Komma steht, z. B.: „Rico trägt eine schwarze Jeans, ein helles Shirt **und** eine rote Kappe."*

Arbeit, Arbeit, Arbeit

Rico hat so viel Arbeit, dass seine Zeit gar nicht ausreicht. Und sein Zeitproblem wird täglich ein bisschen schlimmer. Kaum hat er begonnen, sein Zimmer aufzuräumen – es liegen Strümpfe Hosen und
5 T-Shirts wild durcheinander –, da fällt ihm ein, dass er sein Fahrrad reparieren muss. Auf dem Boden im Keller liegen noch Flicken Schraubenschlüssel Schrauben und dazugehörige Muttern.

Aber dann lässt er auch das liegen, denn im Fern-
10 sehen beginnt gleich seine Lieblingssendung.

Außerdem möchte er noch in seinem Krimi weiterlesen eine Zoo-Collage anfertigen Trompete üben und mit seinem Hund Lupo spielen. Als ihm dann einfällt, dass er die Fotos von Delfinen Eisbären Affen
15 Dromedaren sowie Seelöwen aus alten Illustrierten Tageszeitungen und Tierkalendern ausschneiden wollte, ist er ratlos.

„Was soll ich zuerst tun: aufräumen basteln fernsehen mit Lupo spielen oder was?", fragt er sich. Er
20 sitzt da stützt den Kopf in die Hände und ist traurig. Zu allem Überfluss fällt Rico noch ein, dass er nicht weiß, was er später einmal werden soll. Reiseführer Rettungsflieger Journalist oder DJ?

„Aber das ist ja nicht so eilig", atmet Rico erleich-
25 tert auf schlendert in die Küche nimmt sich ein Brot und öffnet den Kühlschrank. Soll er sein Brot mit Schmierkäse Leberwurst Erdnussbutter oder Marmelade bestreichen? Lupo ist mehr für Wurst. Schnapp – hat er sie ihm aus der Hand geangelt oder viel-
30 mehr geklaut.

Rico seufzt. Es ist ein furchtbar schwieriger Tag. Seine Lieblingssendung hat er inzwischen verpasst. Weder ist sein Zimmer aufgeräumt noch sein Fahrrad repariert.

Da klingelt das Telefon: „He, Rico, kommst du zu 35 mir, ich habe ein neues Computerspiel?", fragt ihn sein bester Freund Lasse. Erleichterung Rettung Erlösung! Rico vergisst das Zimmeraufräumen die Fahrradreparatur den Krimi die Trompete das Bild. Schon rennt er aus dem Haus. 40

81

Die Zeichensetzung bei der wörtlichen Rede

Christa Erichson

D wie Dora

Das Telefon schellt:
Hier ist Olaf.
    Guten Tag, Olaf! Ist dein Vater zu sprechen?
Nein, der ist noch nicht zu Hause.
5   Hm, kannst du ihm etwas ausrichten?
Ja, was denn?
    Dass ich morgen nicht kommen kann, ich habe die
    Grippe!
Ja, ist gut.
10   Übrigens, Dickmann mein Name!
Wie bitte?
    Dickmann – Dora – Ida – Cäsar – Kaufmann – Martha
    – Anton – zweimal Nordpol. Alles klar?
Ich weiß nicht!?
15   Also, pass auf! Du sagst ihm einfach: Dickmann hat an-
    gerufen, der ist schwer erkältet und kann morgen
    nicht kommen. Dann weiß er schon Bescheid.
Ist gut.

    Also dann, Wiederhören!
Wiederhören!   20
Abends:
Du, Papa! Da hat vorhin ein dicker Mann angerufen. Der
ist Kaufmann und war mit Ida und Cäsar und noch ein
paar anderen zweimal am Nordpol, und jetzt ist er schwer
erkältet und kann morgen nicht kommen, hat er gesagt.   25

1 *Um Unklarheiten zu vermeiden, hat man sich darauf geeinigt, mit Hilfe von Namen zu buchstabieren. A wie Anton,
B wie Berta, C wie Cäsar usw. Erkläre, welches Missverständnis für Olaf entsteht.*

2 *Gestalte den Text „D wie Dora" zu einer zusammenhängenden Geschichte um. Erfinde Redebegleitsätze zu dem Gesproche-
nen und füge die Zeichen für die wörtliche Rede ein. Schreibe deine Geschichte in dein Heft. Du kannst so beginnen:
Nachdem sein Vater gegangen war, spielte Olaf eine Weile in seinem Zimmer …*

TIPP

Verwende für die Redebegleitsätze unterschiedliche Verben aus dem Wortfeld „sagen". Und denke daran,
dass die Redebegleitsätze an unterschiedlichen Stellen im Satz stehen können.

Vorlesetraining

Ein Text kommt **beim Vorlesen** erst zur Wirkung, wenn man eine bestimmte **Lesetechnik** trainiert. Dazu gehören

- ☐ eine deutliche **Aussprache,**
- ☐ ein angemessenes **Lesetempo** (nicht zu schnell und nicht zu langsam, das Tempo an den richtigen Stellen beschleunigen oder verlangsamen, Pausen gezielt einsetzen),
- ☐ das gezielte **Verändern der Stimme** (Stimme heben und senken, lauter und leiser werden),
- ☐ eine **sinngemäße Betonung** (z. B. einen Fragesatz auch als Frage vorlesen).

Geübten Vorlesern gelingt es, die Stimmung und Atmosphäre des Textes einzufangen, z. B. lustige Stellen auch mit Witz vorzutragen, sie können unterschiedliche Texte auch unterschiedlich gestalten.

Dunkel war's ...

Dunkel war's, der schien helle,

Schnee lag auf der grünen Flur,

als ein blitzeschnelle

langsam um die Ecke fuhr.

Drinnen saßen stehend Leute,

schweigend ins Gespräch vertieft,

als ein totgeschossner

auf der Wiese Schlittschuh lief.

Und auf einer roten,

die blau angestrichen war,

saß ein blond gelockter Jüngling

mit kohlrabenschwarzem.

Neben ihm 'ne alte Schrulle,

zählte kaum erst sechzehn Jahr

und aß eine Butterstulle,

die mit Schmalz bestrichen war.

Droben auf dem,

der sehr süße Birnen trug,

hing des Frühlings letzte

und an Nüssen noch genug.

1 *Lies das Gedicht laut und setze für die Bilder die entsprechenden Wörter ein.*

2 *Lies den folgenden Textabschnitt laut vor und achte dabei auf die Zeichen:*
- ☐ *Betonte Wörter sind <u>unterstrichen</u>.*
- ☐ *Die Pfeile (→) über Wörtern zeigen dir, wo du die Stimme heben oder senken musst.*
- ☐ *Die senkrechten Striche (|) markieren, wo du Sprechpausen einlegen solltest.*

Leo N. Tolstoj

Die drei Söhne

Drei Frauen wollten Wasser holen am Brunnen. | Nicht weit davon saß ein Greis auf einer Bank und hörte zu, wie die

Frauen ihre Söhne lobten. | „Mein Sohn", | sagte die erste, | „ist so geschickt, dass er alle hinter sich lässt ..." | „Mein Sohn", |

sagte die zweite, | „singt so schön wie die Nachtigall! Es gibt keinen, der eine so schöne Stimme hat wie er." | „Und warum

lobst du deinen Sohn nicht?", fragten sie die dritte, als diese schwieg. | „Ich habe nichts, wofür ich ihn loben könnte", ent-

5 gegnete sie. „Mein Sohn ist nur ein gewöhnlicher Knabe. Er hat Besonderes weder an sich noch in sich ..."

3 *Bereite nun die Fortsetzung des Textes zum Vorlesen vor, indem du Pausen- und Betonungszeichen setzt.*

Die drei Frauen füllten ihre Eimer und gingen heim. Der
Greis ging langsam hinter ihnen her. Die Eimer waren
schwer und die abgearbeiteten Hände schwach. Deshalb
machten die Frauen eine Ruhepause, denn der Rücken

10 tat ihnen weh ...

Da kamen ihnen drei Knaben entgegen. Der erste stellte
sich auf die Hände und schlug Rad um Rad – und die
Frauen riefen: „Welch ein geschickter Junge!" Der zweite
sang so herrlich wie die Nachtigall, und die Frauen

15 lauschten andachtsvoll und mit Tränen in den Augen.
Der dritte Knabe lief zu seiner Mutter, hob die Eimer und
trug sie heim ... Da fragten die Frauen den Greis: „Was
sagst du zu unseren Söhnen?" „Wo sind eure Söhne?",
fragte der Greis verwundert. „Ich sehe nur einen einzi-

20 gen Sohn!"

TIPP

Wenn du einen Kassettenrecorder einsetzt, kannst du dein Vorlesen anschließend kontrollieren.

Einen Sachtext lesen und verstehen

Sinnabschnitte und Schlüsselwörter markieren

- ☐ Längere Sachtexte kann man in **Sinnabschnitte** unterteilen. Ein Sinnabschnitt stimmt manchmal mit einem Absatz überein, manchmal umfasst er aber auch mehrere Absätze.
- ☐ Die Sinnabschnitte haben oft keine eigene Überschrift. Man kann sie aber an wichtigen Wörtern, so genannten **Schlüsselwörtern,** festmachen. Sie helfen einen Text zu „erschließen".
- ☐ Schlüsselwörter und Sinnabschnitte erkennt man häufig nicht beim ersten Lesen. Deshalb solltest du einen Sachtext **mindestens zweimal lesen:** einmal überfliegend und einmal gründlich.

Unbekannte Wörter klären

- ☐ Oft kann man unbekannte Wörter aus dem Zusammenhang verstehen.
- ☐ Manchmal musst du in einem Lexikon oder Wörterbuch nachschlagen.
- ☐ Häufig kannst du jemanden fragen, wenn du etwas nicht verstehst.

1 *Lies den folgenden Sachtext zweimal.*
   a) Überlege nach dem ersten Lesen, worum es in dem Text geht, und finde eine passende Überschrift.
   b) Unterstreiche beim zweiten, gründlichen Lesen wichtige Schlüsselwörter farbig.
   c) Markiere unbekannte Wörter, schlage sie nach und schreibe die Erläuterungen in dein Heft.

2 *Suche die genannten Orte im Atlas und zeichne auf der Karte die Zugwege der Störche ein. Markiere durch Pfeile mit Beschriftungen die einzelnen Stationen der Vögel.*

3 *Formuliere mit Hilfe der Schlüsselwörter Überschriften für die einzelnen Sinnabschnitte. Trage sie an der entsprechenden Stelle in die rechte Spalte ein.*

☆ **4** *Fasse die wichtigsten Informationen der einzelnen Textabschnitte mit eigenen Worten in deinem Heft zusammen.*

Überschriften für Sinnabschnitte

Die Sorge der Bauern um die Störche

Anfang Juni war das Storchenkind im Horst auf dem Dach eines Bauernhauses im schleswig-holsteinischen Dorf Bergenhusen aus dem Ei geschlüpft. Zuerst ging es ihm sehr gut. Die Bauern hatten das Menschenmögliche für ihre „Glücks- und Kinderbringer" getan: Nisthilfen auf den Dächern montiert, Hochspannungsleitungen
5 unter die Erde verlegt, neue Feuchtgebiete mit vielen Fröschen angelegt. Und die Storcheneltern fütterten ihr Junges mit Mäusen, Heuschrecken, Würmern und sogar mit Schlangen.

Ende August aber packte alle 27 Jungstörche des Dorfes ein plötzliches Fernweh nach dem unbekannten Südafrika. Die Zugunruhe regte sich. Während die Elternvögel
10 noch zwei Wochen daheimblieben, segelten die Jungen in Aufwinden der warmen, aufsteigenden Luft in Richtung Balkan. Hier versammelten sich auf Rastplätzen Storchengeschwader aus Polen und Russland, denen sich die Störche aus Bergenhusen anschlossen.

Noch 1975 überquerten 346 400 Störche den Bosporus bei Istanbul; nur einige Jahre

15 später musste jedoch ein starker Rückgang beklagt werden. Zum einen gibt es immer

weniger Feuchtgebiete, in denen Störche Nahrung finden, zum anderen sind die Vö-

gel auf ihren langen Zugwegen vielen Gefahren ausgesetzt.

An der Südspitze der Halbinsel Sinai beginnt der Flug übers Rote Meer. Auf See gibt es

keine Aufwinde zum Segeln. So halten sich die Vögel mühsam knapp zwei Meter über

20 den Wellen, stürzen oft erschöpft ins Meer und ertrinken.

An der Küste Afrikas beginnt der Flug über die Wüste mit Hunger und Durst. Wenn

bei den Tempeln von Luxor und Karnak der Nil erreicht ist, legen sie eine Erholungs-

pause ein.

Über dem Sudan wird es aber wieder gefährlich. Viele Leute braten sich dort gern ei-

25 nen Storch. In Uganda geht die Schießerei der Menschen auf die Störche weiter. Des-

gleichen in Mosambik.

Erst im südafrikanischen Winterquartier herrscht wieder Frieden. Aber auch hier trock-

net das Land aus. Ungeheure Schwärme von Wanderheuschrecken fressen die Pflan-

zen kahl. Um weitere Schäden durch die Heuschrecken zu verhindern, wird vielerorts

30 Insektengift eingesetzt. Doch dieses tötet auch die Störche. Und die Überlebenden

sind in vielen Fällen viel zu schwach, um ihre weite Heimreise antreten zu können.

So müssen wir uns besorgt fragen, wie lange es bei uns noch Störche geben wird.

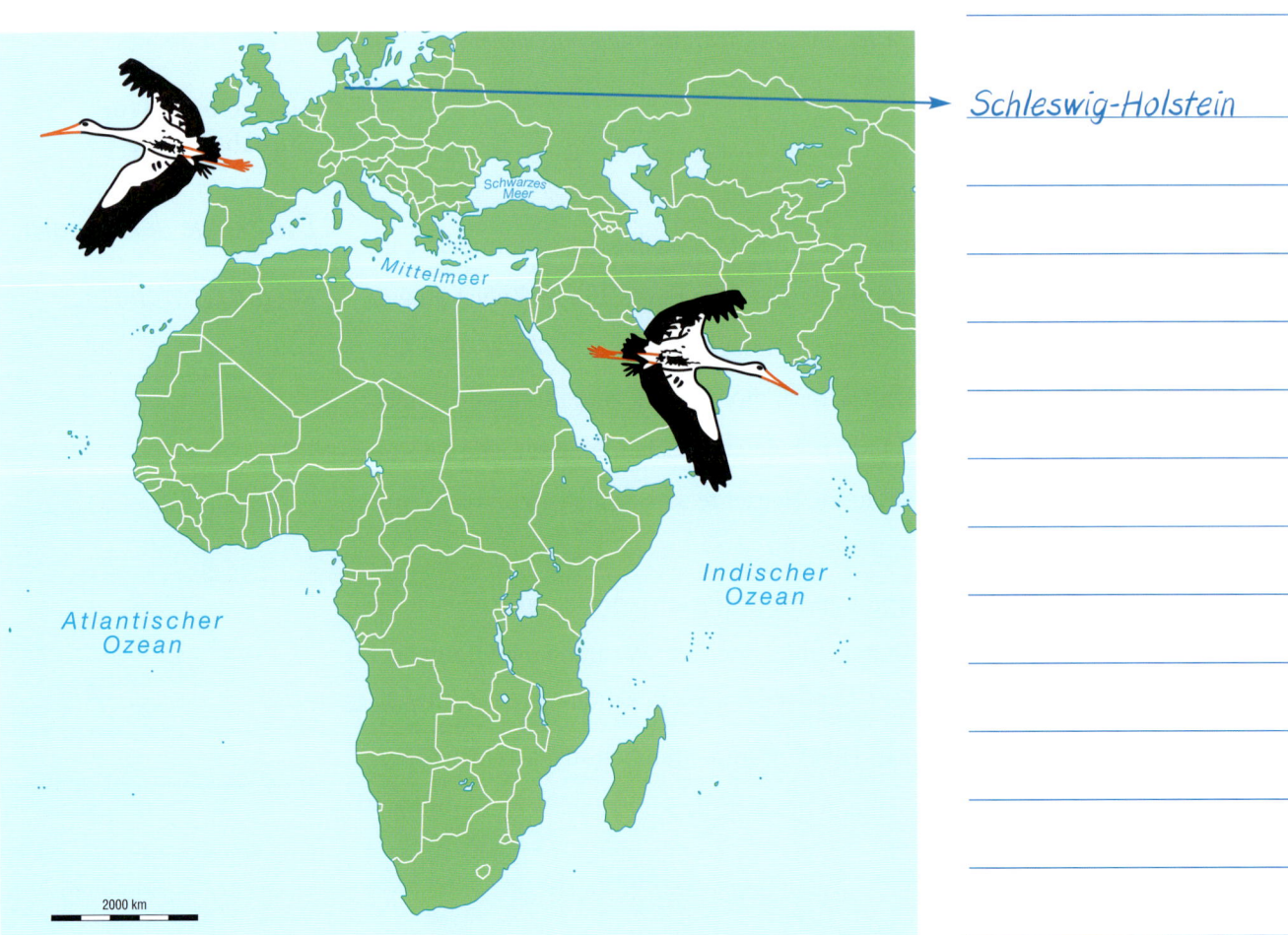

Schleswig-Holstein

Tabellen und Abbildungen

Zu einem Sachtext gehört häufig nicht nur der geschriebene Text:
- **Abbildungen** wie z. B. Fotos und Grafiken haben die Aufgabe, etwas anschaulich zu machen.
- **Tabellen** stellen Informationen knapp und übersichtlich dar.
- **Bildunterschriften** benennen die wesentliche Aussage eines Fotos.

	Weißstorch	Schwarzstorch
Größe	bis 1,10 m	bis 1,05 m
Gewicht	bis 4,4 kg	bis 4,0 kg
Spannweite der Flügel	bis 2,20 m	bis 2,05 m
Lebensraum	offenes, kaum genutztes Land mit Feuchtwiesen, Teichen und Bächen	absolut ungestörte Wälder mit Tümpeln und feuchtem Untergrund
Nistplatz	früher auf Bäumen, dann auf Dächern in Dörfern, da hier Schutz vor Feinden 	14–18 m hoch in Waldbäumen unter Schatten spendender Krone; flieht vor Menschen 
Brut	Ende April–Mai, 3–5 Eier, 33–34 Tage bebrütet, flügge mit 55–60 Tagen	Mitte April–Mai, 3–5 Eier, 32–40 Tage bebrütet, flügge mit 60–70 Tagen
Hauptverbreitung	„Oststörche": Türkei, Balkan, Polen, Russland „Weststörche": Marokko, Algerien, Tunesien, Spanien	„Oststörche": Türkei, Balkan, Polen, Russland „Weststörche": Nur noch kleine Bestände in Spanien
Zugscheide	Von den Hauptverbreitungsgebieten drangen die Vögel früher bis Mitteleuropa vor und trafen sich längs einer Linie, die vom Ijsselmeer in Holland zum Harz und weiter bis zum Alpenrand bei Füssen führt. Beim Schwarzstorch verläuft sie etwas weiter östlich. So entstand die Zugscheide. Störche aus einem bestimmten Besiedlungsgebiet haben ihre speziellen Zugwege.	

1 *Beantworte die Fragen mit Hilfe der Informationen aus der Tabelle auf S. 87:*

a) Welcher der beiden Störche ist kleiner?

_____

c) Welcher der Störche hat eine weitere Verbreitung?

_____

b) Über welchen Storch berichtet der Sachtext auf S. 85/86?

_____

d) Welcher Storch meidet Dörfer?

_____

2 *a) Zeichne in die Karte auf S. 86 mit einer anderen Farbe auch die Zugwege und die Hauptverbreitung der „Weststörche" ein. Nimm einen Atlas zu Hilfe.*
b) Überlege, warum Störche nicht den kürzesten Weg in den Süden nehmen, sondern sich in „Oststörche" und „Weststörche" trennen. Kreuze die richtige Antwort an:

Störche nehmen nicht den kürzesten Weg in den Süden,

☐ weil sie nicht über die Alpen fliegen können.

☐ weil die einen in Westafrika und die anderen in Ostafrika Verwandte haben.

☐ weil sie weite Strecken über das Meer vermeiden wollen.

☐ weil in Italien große Gefahren drohen.

☆ **3** *Verfasse aus den Informationen der Tabelle (▷ S. 87) einen zusammenhängenden Text in deinem Heft. Lege in den folgenden Zeilen mit Stichworten zuerst eine Gliederung in Sinnabschnitte fest. Du kannst dich dabei an die Reihenfolge der Tabelle halten, du kannst aber auch eine eigene Reihenfolge wählen.*

_____   _____

_____   _____

_____   _____

_____   _____

4 *Liste in einer Tabelle die Gefahren auf, die den Störchen nach dem Text auf S. 85/86 auf ihren Zugwegen drohen.*

Drohende Gefahren	Ort/Land	Zeilenangabe
Ertrinken	Rotes Meer	18–20

☆ **5** *Welche Gefahren drohen den Störchen nach dem Text auf S. 85/86 in Deutschland? Die Gefahren werden nicht ausdrücklich genannt, du musst sie aus dem ersten Abschnitt erschließen.*

_____

_____

_____

_____

_____

_____

☆ **6** *Formuliere für die verschiedenen Abbildungen auf den Seiten 86–87 eine Bildunterschrift. Benenne die Art der jeweiligen Abbildung und stelle Fragen, auf welche die Abbildungen Antworten geben:*

Bildunterschrift	Art der Abbildung	Fragen
	Grafik	Wo liegen die Sommerquartiere der Störche?
		Welche

Ich teste meinen Lernstand

FELIDAE – Wir über uns

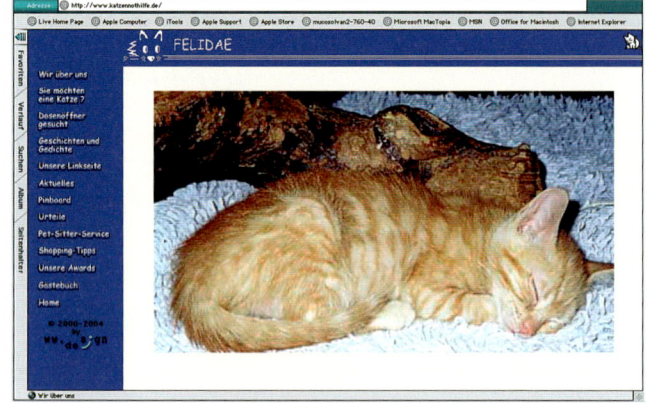

Im November 1999 trafen sich Tierfreunde, um den Verein „FELIDAE – Tierschutzverein und Katzennothilfe" ins Leben zu rufen. Einige der Gründungsmitglieder waren vorher in anderen Vereinen tätig gewesen.

5 Nach der Kontaktaufnahme mit anderen Tierschützern reifte immer mehr der Entschluss: Wir gründen einen eigenen Tierschutzverein mit dem Schwerpunkt „Katzennothilfe"!

Dann überschlugen sich die Ereignisse: Über das Internet 10 erreichte uns ein Hilferuf einer jungen Dame aus Kassel, die von einer verwahrlosten Maine-Coon-Katzenzucht[1] berichtete, die aufgelöst werden sollte. Die Katzen seien in einem teilweise sehr schlechten gesundheitlichen Zustand und müssten dringend ein neues Zuhause finden.

15 Dieser Vorfall beschleunigte die Gründung von „FELIDAE – Tierschutzverein und Katzennothilfe".

FELIDAE möchte aber nicht nur Katzen in derartigen Notsituationen helfen, sondern setzt sich auch für ein Ende der unkontrollierten Vermehrung von wilden Katzen 20 und den damit verbundenen Missständen ein. FELIDAE organisiert in diesem Rahmen auch Kastrationsaktionen[2] von so genannten „Wildlingen", um dem Katzenelend entgegenzuwirken.

Die artgerechte Haltung von Katzen und ganz besonders 25 auch die Verfolgung von Verstößen gegen geltende Tierschutzgesetze empfinden wir als sehr wichtig und wollen daher versuchen, die Menschen mehr für diese Themen zu interessieren. Wir betrachten Tierschutz als einen Teil des Umweltschutzes.

30 Die Aufnahme von ausgesetzten, misshandelten oder auch vernachlässigten Katzen erfolgt derzeit ausschließlich in privaten Pflegestellen, wo die Tiere Hilfe, Unterkunft, Verpflegung und vor allen Dingen menschliche Fürsorge finden. Die notwendige tierärztliche Betreuung wird durch Fachtierärzte sichergestellt. 35

Durch die Vermittlung von Tieren wird jedoch nur ein Bruchteil der erheblichen Kosten wieder gedeckt. Den Rest muss FELIDAE selbst aufbringen. FELIDAE ist daher auf Ihre Hilfe dringend angewiesen. Der Mindestbeitrag für die Mitgliedschaft beträgt derzeit 30,00 Euro pro Person im Jahr. 40

Unser Traum ist, irgendwann einmal ein schönes, großes und freundliches Katzenhaus mit Garten und Freigehege zu besitzen, um möglichst vielen dieser liebenswerten Geschöpfe ein geschütztes Zuhause geben zu können. 45 Falls Sie unsere Arbeit unterstützen möchten, können Sie hier einen Mitgliedsantrag als Word-Datei herunterladen. Wir freuen uns nicht nur über jede Spende, sondern auch über jedes neue Mitglied. Für weitergehende Fragen schreiben Sie bitte an: katzennothilfe@epost.de. 50

---

1 **Maine Coon:** amerikanische Katzenrasse mit sehr dichtem Fell und großem Gewicht
2 **Kastration:** Entfernung der Keimdrüsen bei Tieren (Kätzin: Eierstöcke, Kater: Hoden), um die Fortpflanzung zu verhindern

A Den Text verstehen

Lies den Text über den Tierschutzverein „FELIDAE" und löse die folgenden Aufgaben:
Beachte, dass immer nur eine Lösung richtig ist.

1 *Kreuze die richtige Antwort an.*

Bei dem Text handelt es sich um

☐ a) eine Erzählung über Katzen.

☐ b) einen Bericht über die verwahrloste Maine-Coon-Katzenzucht.

☐ c) die Information eines Tierschutzvereins mit dem Schwerpunkt „Katzennothilfe".

☐ d) einen Bericht über misshandelte Haustiere.

2 P.

2 *Der Text hat acht Absätze. Nummeriere sie und trage die richtige Nummer hier ein.*

Welche Überschrift passt zu welchem Absatz?

☐ Pflege und Betreuung der Katzen   ☐ Ziele und Aktivitäten des Vereins

☐ Eine verwahrloste Katzenzucht   ☐ Vereinsgründung und Mitglieder

☐ So kann unser Traum wahr werden   ☐ Kosten des Vereins

☐ Kontakte und Entstehung des Vereins   ☐ Tierschutz ist Umweltschutz

8 P.

3 *Worum geht es den Autoren des Textes im Besonderen? Kreuze die richtige Antwort an.*

☐ a) Sie möchten Werbung für die Maine-Coon-Katzenzucht machen.

☐ b) Sie möchten ihren Verein vorstellen und Mitglieder werben.

☐ c) Sie möchten die Maine-Coon-Katzenzüchter anzeigen und suchen Zeugen.

☐ d) Sie möchten Sachinformationen über Katzenpflege geben.

2 P.

4 *Wofür setzt sich FELIDAE **nicht** ein? Kreuze die richtige Antwort an.*

☐ a) für die Beendigung der unkontrollierten Vermehrung von wilden Katzen

☐ b) für die Hilfe für Katzen in extremen Notsituationen

☐ c) für die Rückgabe Not leidender Katzen nach der Pflege an die ursprünglichen Besitzer

☐ d) für die Organisation der Kastration von „Wildlingen"

2 P.

Um folgende Aufgaben zu lösen, musst du die entsprechenden Textstellen noch einmal genau lesen.

5 *Gab es bei der Gründung des Tierschutzvereins Mitglieder, die Erfahrung mit der Arbeit in Vereinen hatten?*

☐ a) ja   ☐ b) nein

2 P.

6 *Wo erfolgt derzeit die Aufnahme von Katzen?*

☐ a) in privaten Pflegestellen   ☐ b) in den Praxen von Fachtierärzten

2 P.

7 *Kreuze die richtige Antwort an. „... ins Leben zu rufen" (▷ Z. 2–3) bedeutet:*

☐ a) Der Verein wurde häufig angerufen.   ☐ c) Der Verein bekam einen Namen.

☐ b) Der Verein wurde gegründet.   ☐ d) Im Verein ging es lebendig zu.

2 P.

B Grammatik

8 *Fülle die Lücken des folgenden Textanfangs mit passenden Verben.*
Setze den Text dabei ins Präteritum. Beim letzten Satz musst du aufpassen!

7 P.

| leben | locken | vermehren | nennen | schleichen | lassen | anfassen |

Wildlinge (1)

Leise _____ sie nachts durch Kleingartenanlagen, über Hinterhöfe, Friedhöfe, Lager- und Fabrikge-

lände, stets auf der Suche nach Futter. Sie _____ sich in Hinterhöfen, Abbruchhäusern, Gartenlau-

ben, Kellern und auf Dachböden. Manche Tierschützer _____ sie „Wildlinge": wild geborene und

ohne direkten Menschenkontakt aufgewachsene Katzen (nicht zu verwechseln mit ausgesetzten Hauskatzen!). Sie

_____ zwar in der von Menschen gestalteten Umgebung, _____ sich aber nicht

_____ oder gar in die Wohnung _____.

9 *Setze in der Fortsetzung des Textes über „Wildlinge" die folgenden Nomen oder Wortgruppen mit Nomen im richtigen Kasus in die Lücken. Bestimme den Kasus und schreibe ihn in die Klammern.*

7 P.

| Krankheiten | ausreichender Auslauf | „Wildlinge" |
| ein Mensch | überlastetes Tierheimpersonal | eine solche Katze | Freiheitsentzug |

Wildlinge (2)

Wer _____ (_____) einsperrt oder gar ins Tierheim schafft, hilft ihr

nicht – im Gegenteil. Denn _____ (_____) bedeutet für diese

_____ (_____) seelische Qual, Stress und Leid. Als „schwer vermittelbar" sit-

zen sie oft monate- oder jahrelang im Gehege, bis sie eine Unterkunft mit _____

(_____) oder wieder eine betreute Futterstelle gefunden haben. Oft sterben sie an

_____ (_____), die vom _____

(_____) zu spät oder gar nicht bemerkt werden, weil sich diese Katzen verstecken, sobald

_____ (_____) auch nur in ihre Nähe kommt.

10 *Steigere folgende Adjektive:*   wild – _____ – _____

4 P.

gut – _____ – _____

11 *Bestimme die unterstrichenen Satzglieder im folgenden Textausschnitt.*
Trage die Nummern der Satzglieder an der richtigen Stelle in die nachfolgende Tabelle ein.
Achtung: Manche Satzglieder erhalten mehrere Nummern, manche erhalten keine Nummer.

7 P.

Wildlinge (3)

„Wildlinge" vermehren sich in Freiheit verstärkt. Der Nachwuchs ist jedoch oft zum Tode verurteilt: Neugeborene Kätz-
  1   2   3   4   5   6   5   7

chen fallen meist schon nach wenigen Wochen der Katzenseuche und anderen Krankheiten zum Opfer. Vereiterungen
      8   9   10

der Augen, der Nase und der Atmungsorgane bringen einen qualvollen Tod. Um diesem grausamen Ende vorzubeugen,
      10   11   12

sollte man Wildlinge unbedingt kastrieren.
 13   14   13

Satzglieder	Nummern		Satzglieder	Nummern
Subjekt	_____		adverbiale Bestimmung des Ortes	_____
Prädikat	_____		adverbiale Bestimmung der Zeit	_____
Dativobjekt	_____		adverbiale Best. der Art und Weise	_____
Akkusativobjekt	_____		adverbiale Bestimmung des Grundes	_____

C Rechtschreibung

12 *In den E-Mails an die Katzennothilfe häufen sich die Fehler. Ein Mitarbeiter ist nur damit beschäftigt,*
die fehlerhaften Texte zu korrigieren, bevor sie weiter bearbeitet werden können.
Unterstreiche die falsch geschriebenen Wörter im Text und verbessere sie in der rechten Spalte.
Setze dort ein Komma, wo es fehlt.

10 P.

Sehr geerte Damen und Heren von der Kazzennothilfe _____

bitte schauen Sie doch einmal bei der Katzenzucht _____

„KITTY" in der Händelstrase vorbei. Sie anen ja nicht, in _____

welchen Zuständen die tiere dort hausen müßen! _____

5 Die Katzen sind total verfilzt, abgemagert extrem scheu _____

und verängstigt. Sie müssen dort in einem engen Zimer _____

auf dem blanken boden schlafen oder sogar in den ver- _____

schmuzzten Katzenklos. _____

Ein Kater hatte nur ein Auge und eine Katze auf einer seite _____

10 kaum noch Fell weil sie eine Krankheit hat. Alle Katzen _____

sehen ser ungepflegt aus und haben schlechte Zäne. _____

Die Besitzerin weis gar nichts über Alter und Namen der _____

armen Tiere. Sie müssen dringend komen und die Kat- _____

zen aus ihrem Elend Befreien! Am besten schliesen Sie _____

15 die ganze Zucht!   Marie Bonhof _____

D Eine Geschichte schreiben

13 *Schreibe zu den folgenden Bildern eine zusammenhängende Geschichte.*
Gehe zur Vorbereitung deiner Geschichte die folgenden Arbeitsschritte durch.
a) Schau dir zuerst die Bilder genau an und überlege, was passiert.

b) Beantworte dann folgende Fragen genau. Die Antworten können dir anschließend helfen, deine Geschichte anschaulich
und spannend zu schreiben.

☐ Wie wirkt die Umgebung des Mannes (Bilder 1 und 2)? Umkreise passende Adjektive mit Blau.
Wie wirkt das Zuhause der Kinder (Bild 6)? Umkreise die Adjektive mit Rot.

dunkel   frisch   warm   grau   schmutzig   gemustert

fleckig   staubig   gemütlich   kahl   sauber   hellgrün

Schreibe zu jedem Adjektiv ein passendes Nomen, z. B. *schmutzige Wände.*

_____

_____

_____

_____

_____

☐ Wie sieht der Mann aus (Größe, Kleidung, Gesicht, Gesichtsausdruck, besondere Kennzeichen)?

_____

_____

_____

◻ Wie heißen die Kinder? Gib ihnen Namen.

_____

◻ Was empfindet der Mann, als er bemerkt, dass die Kinder ihn mit seiner Katze beobachtet haben (Bild 2)?
Unterstreiche Ausdrücke für mögliche Gefühle im Wortspeicher mit Blau.

Wut   Sorge   Erleichterung   Ärger   Mitleid   Misstrauen
Angst   Schreck   Ekel   Aufregung   Zufriedenheit   Scham   Abneigung

◻ Was sagt das Kind, das den Mann ablenkt, und wie reagiert der Mann (Bild 3)?
Verfasse ein Gespräch mit wörtlicher Rede und achte dabei auf die richtige Zeichensetzung.
Setze deinen Text auf einem anderen Blatt fort, wenn der Platz nicht ausreicht.

_____

_____

_____

_____

◻ Was fühlen die Kinder, als sie mit der Katze weglaufen? Unterstreiche Ausdrücke für mögliche Gefühle
im Wortspeicher oben mit Rot.
◻ Mit wem telefonieren die Kinder und wie verläuft das Gespräch (Bild 5)?
Verfasse ein Gespräch mit wörtlicher Rede und achte dabei auf die richtige Zeichensetzung.
Setze deinen Text auf einem anderen Blatt fort, wenn der Platz nicht ausreicht.

_____

_____

_____

_____

◻ Was passiert zwischen Bild 5 und Bild 6 mit dem Mann, der Katze und den Kindern?

_____

_____

◻ Welcher Satz passt zum Schluss der Geschichte?

_____

c) Erzähle nun deine Geschichte. Gliedere sie in Einleitung, Hauptteil und Schluss. Finde auch eine passende Überschrift.
Schreibe die Geschichte in dein Heft.

Autoren- und Quellenverzeichnis

S. 16: ANDREAS SCHLÜTER, Achtung Zeitfalle. Arena Verlag, Altberliner Verlag, München 1996; dtv 70538, S. 9 f.; **S. 18:** JOSEF GUGGENMOS, Feriensport. Aus: Oh, Verzeihung sagte die Ameise. Verlag Beltz & Gelberg, Weinheim u. Basel 2002, S. 123; **S. 20:** KURT FRANZ, Kleine und große, billige und teure Bücher. Nach: Kurt Franz, Lesen macht stark. Alles über Bücher. Vom Autor zum Leser. Deutscher Taschenbuch Verlag, München 7. Aufl. 1991, S. 20–23; **S. 24:** IRMELA WENDT, Tik tak. Aus: Geh und spiel mit dem Riesen. 1. Jahrbuch der Kinderliteratur. Hg. von Hans-Joachim. Gelberg. Beltz Verlag, Weinheim und Basel, Programm Beltz & Gelberg, Weinheim 1971; **S. 25:** JAMES KRÜSS, Der törichte Star. Aus: Mein Urgroßvater und ich. Oetinger Verlag, Hamburg 1998; **S. 26:** HANS MANZ, Was im Buche steht. Aus: Wörter kann man drehen. Beltz Verlag, Weinheim u. Basel 1974, S. 7; **S. 28:** ROSWITHA FRÖHLICH, Frage. Aus: Überall und neben dir. Hg. v. H.-J. Gelberg. Beltz Verlag, Weinheim u. Basel 1986; **S. 30:** BRUNO HORST BULL, Ein schlechter Schüler. Aus: Eine Katze ging ins Wirtshaus. Heyne Verlag, München 1972; **S. 32:** GEORG PAYSEN-PETERSEN, Das Haus räumen. Aus: Till Eulenspiegel. Für die Jugend bearbeitet. Loewes Verlag, Bayreuth 1965; **S. 36:** BERND LUNGHARD, Ewiges Rätsel. Aus: Hans-Joachim Gelberg (Hg.), Großer Ozean. Gedichte für alle. Beltz & Gelberg, Weinheim u. Basel 2000, S. 47; **S. 48:** CHRISTIAN MORGENSTERN, Der Zwölf-Elf. Aus: Gesammelte Werke. Hg. v. M. Morgenstern. Piper Verlag, München 1965; **S. 52:** HANS MANZ, Sätze, die sich in den Schwanz beißen; Der Hut. Aus: Die Welt der Wörter. Sprachbuch für Kinder und Neugierige. Beltz Verlag, Weinheim und Basel 1996, S. 66, S. 206; **S. 55:** GINA RUCK-PAUQUÈT, Zirkus Pompononi. Aus: Der Löwe, der Mäuschen hieß. Elefanten Press Verlag, Berlin 1985, S. 32 ff. (gekürzt); **S. 56:** EUGEN ROTH, Letzter Herbstag. Das neue Eugen Roth Buch. Carl Hanser Verlag, München 1970, S. 169; **S. 58:** EUGEN ROTH, Aus dem „Kunterbunten Alphabet". Aus: Sämtliche Werke. Carl Hanser Verlag, München 1970; **S. 61:** CHRISTIAN MORGENSTERN, Das Häslein. Aus: Gesammelte Werke. Hg. von M. Morgenstern. Piper Verlag, München 1965; **S. 69:** JOSEF GUGGENMOS, Wenn Riesen niesen! Aus: Das achte Weltwunder. 5. Jahrbuch der Kinderliteratur. Hg. v. Hans-Joachim Gelberg. Beltz Verlag, Weinheim/Basel 1981, Programm Beltz & Gelberg, Weinheim; **S. 77:** Wer schenkt, muss auch teilen können. Ein Märchen aus Rusland. Nach: Willi Fehse. Heitere Märchen aus aller Welt. Boje Verlag, Stuttgart 1972, S. 68–72; **S. 79:** DIETER MUCKE, Baden. Aus: Die Lichtmühle. Der Kinderbuchverlag, Berlin 1985. © Dieter Mucke, Halle; **S. 82:** CHRISTA ERICHSON, D wie Dora. Aus: Kinder lesen. Hg. von W. Topsch u. a. Schroedel Verlag, Hannover 1981; **S. 83:** Dunkel wars ... Volkslied. Nach: Franz Fühmann, Die dampfenden Hälse der Pferde im Turm von Babel. Der Kinderbuchverlag, Berlin 1978, S. 246 f.; **S. 84:** LEO N. TOLSTOI, Die drei Söhne. Aus: Alle sind Brüder. Friedrich Velmede Verlag, Hamburg 1953; **S. 85:** Angst um Adebar. Aus: Vitus B. Dröscher, Tiere in ihrem Lebensraum. Ravensburger Buchverlag 1999, S. 135–137; **S. 90:** www: katzennothilfe.de (Stand 4. Februar 2004, verändert)

Bildquellenverzeichnis

S. 20: picture-alliance/dpa-fotoreport; **S. 74:** Projekt Foto, Augsburg; **S. 87 links:** A. Nagel/Silvestris; **S. 87 rechts:** Corel Library; **S. 86:** © carlos borrell, kartografie + infografik, berlin; **S. 89:** dpa

www.deutschbuch.de/onlinediagnose

Kostenlose Online-Diagnosen zu

– Rechtschreibung
– Leseverständnis

Impressum

Redaktion: Matthias Grupp, Birgit Wernz
Bildrecherche: Gabi Sprickerhof

Illustrationen: Thomas Binder, Magdeburg (S. 3–7, 21, 37–38, 42–45, 64, 87), Maja Bohn, Berlin (S. 8–13, 33–36, 40–41, 83–84, 92–94), Sylvia Graupner, Annaberg (S. 22–27, 56–57, 60–61), Sabine Lochmann, Frankfurt/Main (S. 14–15, 79–82), Barbara Schumann, Schöneiche (S. 29–32, 47, 52, 55, 58–59, 69, 72–76), Bernhard Skopnik, Kassel (S. 16–19, 46, 48–50, 66–68, 70–71)
Umschlaggestaltung: Katharina Wolff (Foto: Peter Wirtz, Illustration: Barbara Schumann)
Layoutkonzept: Katharina Wolff
Technische Umsetzung: werkstatt für gebrauchsgrafik, Berlin

www.cornelsen.de

© 2004 Cornelsen Verlag, Berlin
© 2019 Cornelsen Verlag GmbH, Berlin

Druck: Athesiadruck GmbH

Ausgabe ohne CD
2. Auflage, 12. Druck 2019
ISBN 978-3-464-68061-2

Ausgabe mit Übungs-CD
1. Auflage, 9. Druck 2014
ISBN 978-3-464-68097-1

PEFC zertifiziert
Dieses Produkt stammt aus nachhaltig bewirtschafteten Wäldern und kontrollierten Quellen.
www.pefc.de

Deutschbuch
Arbeitsheft

Neue Ausgabe

5

Lösungen

Seite 3

1 **w:** *am Fenster*
x: *neben dem Schreibtisch*
y: *Nachschlagewerke, Schulbücher und Arbeitshefte nach Fächern geordnet*
z: *Folgende Störfaktoren solltest du vermeiden:*

2 *Wichtig ist, dass der Schreibtisch vor dem Fenster steht und das Regal mit den Arbeitsmitteln neben dem Schreibtisch.*

Seite 4

3 *13.30 – 15.00 Uhr: Erholungspause*
15.00 – 17.30 Uhr: ideale Hausaufgabenzeit

4 *zum Beispiel:*
13.00 – 13.30 Uhr: Mittagessen
13.30 – 14.00 Uhr: Mittagsschlaf
14.00 – 15.00 Uhr: Fußball spielen
15.00 – 17.00 Uhr: Hausaufgaben machen
17.00 – 18.00 Uhr: Fernsehen

5 *kleine Erholungspause – Abendstunden – Schlafen – festen Zeiten*

Seite 5

6 *in Portionen einteilen – zum Weiterarbeiten – den leichtesten Aufgaben – wächst dein Selbstvertrauen – mit deinem Lieblingsfach*

7 *Portionen – leichtesten Aufgaben – Lieblingsfach*

Seite 6

8 *Zuordnung: 1 b), 2 c), 3 a), 4 f), 5 e), 6 d)*

9 *Eine sinnvolle Reihenfolge wäre:*
1. Englisch: Vokabeln lernen
2. Deutsch: Erzählung schreiben
3. Geschichte: Daten auswendig lernen
4. Erdkunde: Hauptstädte aufschreiben
5. Mathe: S. 5, Aufgaben 3–6

10 *Lege Pausen ein, um dich zu erholen.*
Vermeide anstrengende Tätigkeiten in den Pausen, um nicht zu ermüden.

Seite 7

1 *Wichtig für eine übersichtliche Heftgestaltung sind: eine gute Schrift, freier Rand, farbige Hervorhebungen, Überschriften, Unterstreichungen, Absätze, Großbuchstaben, Spiegelstriche zur Gliederung*

2 *Rand – Datum – Überschrift – Absätze – einfache – doppelte – farbigen – Großbuchstaben*

Seite 9

1 *Einleitung: Z. 1–14*
Hauptteil mit steigender Spannung: Z. 14–38
Höhepunkt: Z. 38–49
Schluss: Z. 49–54

2 *alles Bisherige in den Schatten stellen (Z. 3)*
Dabei fing es fast langweilig an (Z. 3–4)
Sie konnte ja ... nicht ahnen, wie die Wanderung noch enden würde (Z. 7–9)

3 *die Geschichte ausklingen lassen*

4 **Beispiel 1:** *Das war die abenteuerliche Bergtour zur Almspitz. Mal sehen, was uns nächstes Jahr im Urlaub in den Bergen passieren wird.*
Beispiel 2: *Hätten wir vielleicht doch vor dem Losgehen einen Wetterbericht hören oder den Hüttenwart befragen sollen? Denn unsere Tour hätte auch wirklich in einem Unglück enden können.*

Seite 10

5
5	3
	1
2	4

6 **Beispiel:** *Tina und Luis hatten sich am Vormittag in der Schule eigentlich nur zum Fußballspielen verabredet. Sie wollten sich auf der großen Wiese neben dem Schulgebäude treffen. Beide freuten sich, weil sie leidenschaftlich gerne kickten. Wie konnten sie wissen, dass sie an diesem Nachmittag ganz andere Fähigkeiten brauchen würden? Dass Tina ziemlich mutig war, hatte Luis allerdings schon vorher geahnt. Dabei war es eigentlich Luis, der ihnen das Abenteuer eingebrockt hatte. Als er nämlich Tina zeigen wollte, dass er unhaltbare Elfmeter schießen konnte, geschah es ...*

Seite 11

7 **Beispiel:** *„Tina, meinst du nicht, es wäre vielleicht doch besser, wir würden den Ball einfach im Garten liegen lassen?" – „Auf gar keinen Fall, ich hol den, auch wenn ich dahinten im Gebüsch etwas rascheln höre."*

8 **das Ohr:** *z. B. ein leises Rascheln im Gebüsch, von ferne Stimmen (aus dem Garten?), im Gras ein feines Geräusch wie das Tapsen von Pfoten, das Quietschen einer Tür, die geöffnet wird ...*
das Auge: *z. B. einen dichten Baum, dessen Blätter nur bei kleinen Windstößen den Blick auf eine große Wiese freigeben, ein Haus mit offener Terrassentür, einen zerbissenen Ball ...*

Seite 12

9

sagte → flüsterte
ging → zog sich
sagen → zurufen
vorbeikam → vorbeiflog
machte → kletterte

sagte → fragte
hochtun → hochwerfen
sagte → antwortete
tat → steckte

10

Er hatte Angst um Tina: Sein Magen krampfte sich zusammen. Er zitterte am ganzen Körper. Er trat von einem Bein aufs andere. Sein Herz klopfte bis zum Hals.
Er erschrak: Er bekam ganz weiche Knie. Ihm fuhr der Schreck in die Glieder. Seine Augen wurden weit vor Schreck.
Er war erleichtert: Er atmete auf. Er machte einen Luftsprung.

Seite 13

11

Da sprang ein kleiner Dackel auf mich zu. **Nun** wusste ich, dass keine Gefahr drohte, und war sehr erleichtert. **Denn** dieser kleine Hund konnte mir wirklich nichts anhaben. **Also** packte ich unseren Ball und machte mich auf den Rückweg. **Sogleich** fing der Dackel wieder an zu kläffen, er wollte wohl mit mir spielen. **Aber** ich wollte doch lieber möglichst schnell aus dem fremden Garten verschwinden. **Daher** warf ich den Ball in hohem Bogen über die Mauer. **Sofort** hörte ich von der anderen Seite einen Jubelschrei, Luis hatte den Ball also wieder. **Unterdessen** suchte ich nach einem geeigneten Tritt in der Mauer. **Schließlich** musste ja nicht nur der Ball, sondern auch ich wieder nach draußen gelangen. **Endlich** war ich oben angekommen, und mit Luis' Hilfe stand ich wenig später wieder auf unserer Fußballwiese.

Seite 14

2

Steckbrief

Katze zugelaufen!
Am Sonntag, dem 3. 5., ist uns in Lannesdorf eine Katze zugelaufen. Auffallend ist ihr langes, dichtes, feines Fell, das eine ganz weiße Färbung hat. Ihr Schwanz ist dick und buschig. Sie hat große, leuchtende Augen, die verschiedenfarbig sind: Ein Auge ist blau, das andere orange (odd eyed). Ihre kurze, stumpfe Nase weist den typischen „Stopp" auf, also eine Einbuchtung zwischen Stirn und Nasenspitze. Der Körperbau ist eher kompakt und ihre Beine sind relativ kurz, aber kräftig. Alle diese Merkmale weisen auf eine Perserkatze hin.
Der Besitzer soll sich bitte bei Familie Patek melden unter der Telefonnr. (012) 34 56 78

Brief an die Eltern

Liebe Eltern!
Unser größter Wunsch ist es, die zugelaufene Katze zu behalten, falls der Besitzer nicht gefunden wird. Wir wissen, dass so ein Tier regelmäßige Pflege und Zuwendung braucht. Aber macht euch keine Sorgen. Wir sind schließlich zu dritt! Wir haben uns schon darüber informiert, dass Perserkatzen zu den Langhaarkatzen gehören und deshalb täglich gekämmt und gebürstet werden müssen. Es ist auch klar, dass wir ein Katzenklo besorgen und es sauber machen. Dasselbe gilt für den Futter- und den Trinknapf. Das Katzenfutter kaufen wir übrigens von unserem Taschengeld. Dass wir regelmäßig mit der Katze spielen, versteht sich von selbst, geeignetes Spielzeug haben wir schon.
Denkt bitte über unseren Wunsch nach. Über ein Ja würden wir uns schrecklich freuen.
Eure Töchter

E-Mail an die Freundin

Hi Dörte!
Stell dir vor, was passiert ist! Uns ist eine supersüße Katze zugelaufen. Du müsstest sie mal erleben. Sie sieht aus wie ein laufendes Wollknäuel. Dabei ist ihr Fell total weich und sie genießt es richtig, wenn man es bürstet. Es war ein bisschen verfilzt und schmuddelig, als sie hier bei uns ankam. Wir haben sie Wolli getauft. Wolli ist richtig verschmust. Wenn ich auf dem Sofa sitze, springt sie sofort auf meinen Schoß und schmiegt sich ganz fest an mich und schnurrt vor sich hin.
Beim nächsten Mal mehr …
Tschau
Kati

Seite 15

3

Der Nasenbär

Art: Raubtier, Säugetier
Verwandtschaft: Familie der Waschbären
Lebensraum: z. B. Mittel- und Südamerika
Ernährungsweise: Allesfresser, verspeist sogar Skorpione
Besondere Fähigkeiten: kann gut klettern, riecht ausgezeichnet
Aussehen: marderähnlich, rüsselartige Nase, kräftige Beine mit fünf verwachsenen Zehen, spitze Krallen
Verhalten: bewohnt hauptsächlich Bäume, Futtersuche in Erdhöhlen und Baumkronen

Die Fledermaus

Art: Säugetier
Verwandtschaft: Igel oder Maulwurf
Lebensraum: tagsüber Schlafhöhlen
Ernährungsweise: Insektenfresser, frisst bis zu 4000 Mücken pro Nacht
Besondere Fähigkeiten: kann fliegen, hat Radar-Ohren; sendet auf der Jagd nach Beute Ultraschall-Signale aus
Aussehen: Hand mit dünnen, langen Fingerknochen, dazwischen spannen sich Flughäute
Verhalten: nachtaktiv, schläft tagsüber mit dem Kopf nach unten

Kaninchen

Art: Haustier, Säugetier
Verwandtschaft: Wildkaninchen
Lebensraum: Stall oder Käfig
Ernährungsweise: Pflanzenfresser
Besondere Fähigkeiten: blitzschnell, riecht ausgezeichnet
Aussehen: runde Knopfaugen; weißes, graues, braunes oder schwarzes Fell, auch gefleckt
Verhalten: schlägt Haken und springt bis zu 1,50 m hoch

Krokodil

Art: Raubtier, Reptil
Verwandtschaft: Familie der Alligatoren
Lebensraum: Gewässer in den Tropen
Ernährungsweise: Fleischfresser
Besondere Fähigkeiten: rudert mit dem Schwanz
Aussehen: stark gepanzert
Verhalten: eher träge, Weibchen vergräbt seine Eier im Sand und bewacht sie

Seite 16

1 – 3 *Andreas Schlüter*
Achtung, Zeitfalle!

„Hurra!", schallte es aus dem Klassenraum. Durch den Gang des Pavillons donnerte der ohrenbetäubende Lärm trampelnder Füße, klatschender Hände und der Jubelschreie von den 25 total begeisterten Schülern.
Ben kam gerade von der Toilette. Verwundert hörte er den Lärm aus der Klasse.
Der Krach war anders als gewöhnlich. Ben erkannte den Unterschied sofort. Blitzartig war ihm klar: Hier hatte es eine Sensation gegeben. Mit noch halb geöffneter Hose eilte er zur Klasse zurück und riss die Tür zum Klassenraum auf. Vor ihm eröffnete sich ein Bild wie in einem Fußballstadion nach dem entscheidenden Siegtor.

Direkt vor Ben, am Tisch in der letzten Reihe, stand Thomas auf dem Stuhl und versuchte sich im Stepptanz. Heraus kam allerdings nur ein klägliches Gehopse.
Normalerweise war Thomas in der Schule dafür bekannt, dass ihn nichts aus der Ruhe brachte. Seine sprichwörtliche Langsamkeit führte regelmäßig zu Lach- oder Wutanfällen seiner Mitschüler. Jetzt aber stampfte Thomas in einer Geschwindigkeit auf dem Stuhl herum, die nur die Folge eines achten Weltwunders sein konnte.

„Was ist denn hier los?", fragte Ben verblüfft in die Klasse hinein. Niemand nahm Notiz von ihm. Bens Blicke hasteten zu seinen besten Freunden. Miriam war damit beschäftigt, irgendetwas ungeheuer Wichtiges in Jennifers Ohr zu brüllen. Frank trommelte sich gerade wie ein Gorilla mit beiden Fäusten auf die Brust. Nur Thomas wandte sich zu Ben um. Breit grinste er ihn an: „Der absolute Knüller ist hier los! … Wir machen eine Klassenreise!"

Seite 17

4 **Lebewesen:** *die Lehrerin/eine Lehrerin, die Giraffe/eine Giraffe, der Klassenclown/ein Klassenclown*
Gegenstände: *die Tafel/eine Tafel, die Bank/eine Bank, das Buch/ein Buch, die Kreide/eine Kreide, die Landkarte/eine Landkarte*
Begriffe: *der Erfolg/ein Erfolg, das Glück/ein Glück, das Geheimnis/ein Geheimnis, das Vergnügen/ein Vergnügen, die Nachricht/eine Nachricht*

5 *der Hahn, das Gold, das Kupfer, der Drache, das Jahr, der Kalk, die Kuh, das Leben, die Krankheit, die Firma, die Würde, die Krone, die Familie, das Dach, das Fohlen, der Aal, die Buche, der Verstand, das Küken, die Milch*

6 *die Leiter/der Leiter, die See/der See, der Kiefer/die Kiefer, der Tau/das Tau, der Ton/der Ton, der Flur/die Flur, die Taube/der Taube, das Tor/der Tor, das Harz/der Harz, der(das) Bauer/der Bauer, der Kunde/die Kunde, das Band/ der Band*

Seite 18

7 **Maskulinum:** *der Herr, der Strand, der Schenkel, der Buckel, der Bauch, der Hals, der Herr, der Augenblick*
Femininum: *die Badehose, die Stirn, die Schulter, die Wade, die Mückenjagd, die Jagd, die Personen (Sg. die Person)*
Neutrum: *das Ohr, das Kinn, das Knie*

8 **Maskulinum:** *der Löwe/ein Löwe, die Löwen/Löwen; der Platz/ein Platz, die Plätze/Plätze*
Femininum: *die Glocke/eine Glocke, die Glocken/Glocken; die Mauer/eine Mauer, die Mauern/Mauern*
Neutrum: *das Haus/ein Haus, die Häuser/Häuser; das Ufer/ein Ufer, die Ufer/Ufer*

Seite 19

9 *der Strand, des Strandes, dem Strand, den Strand die Schule, der Schule, der Schule, die Schule das Zeichen, des Zeichens, dem Zeichen, das Zeichen*

10 *die Tage, der Tage, den Tagen, die Tage die Kräfte, der Kräfte, den Kräften, die Kräfte die Segel, der Segel, den Segeln, die Segel*

11 **Nominativ:** *Badeerlebnisse, die Sonnencreme, die Sonne, Herr Müller, ein Snob, die Mücke, ein Mückenschwarm*
Genitiv: *der Meereswellen, des Schwarmes, der Badegäste*
Dativ: *der Tube, dem Sandstrand, der Strandmatte, dem Mann, dem Gelächter*
Akkusativ: *die Creme, die Haut, das Glitzern, die Mücke, das Wasser, die Sonnencreme, den Mülleimer*

Seite 20

1 **Nominativ:** *die neuen Artikel, die berühmten Autorinnen, die lustigen Bücher*
Genitiv: *der neuen Artikel, der berühmten Autorinnen, der lustigen Bücher*
Dativ: *den neuen Artikeln, den berühmten Autorinnen, den lustigen Büchern*
Akkusativ: *die neuen Artikel, die berühmten Autorinnen, die lustigen Bücher*

2 **Kleine und große, bekannte und seltene Bücher**

Format und Umfang von Büchern sind sehr unterschiedlich. Ein winziges Buch wurde vom Gutenberg-Museum in Mainz zur Buchmesse 1952 herausgegeben. Der Buchzwerg enthält das Vaterunser in verschiedenen Sprachen. Die Schrift ist so klein, dass man darin nur mit Hilfe einer starken Lupe oder eines Mikroskops lesen kann.
Vor ungefähr 250 Jahren wurde in China ein Buch mit gewaltigen Ausmaßen fertig gestellt. Es besteht aus 5020 Bänden mit je 170 Seiten. Ein eigenartiges Buch erschien 1974 in Amerika. Es trägt den schlichten Titel „Nothing" (Nichts) und wurde sogar in einer luxuriösen Ausgabe herausgebracht; aber die Seiten sind leer.
Wertvolle und seltene Bücher sind heute nicht jedermann zugänglich. Man braucht für die Arbeit eine Erlaubnis. Große Bibliotheken schützen sich auf moderne Weise vor Diebstahl: Sie haben an diesen Büchern elektronische Geräte angebracht. Will jemand mit dem prächtigen Stück die Bibliothek verlassen, lösen sie lauten Alarm aus.
Der absolute Bestseller – das Buch, von dem die meisten Exemplare verkauft werden – ist auf der ganzen Welt die Bibel.

Seite 21

4

Positiv (Grundform)	Komparativ	Superlativ
lang	länger	am längsten
groß	größer	am größten
umfangreich	umfangreicher	am umfangreichsten
begabt	begabter	am begabtesten
schnell	schneller	am schnellsten
hoch	höher	am höchsten
rasant	rasanter	am rasantesten

5 **nicht steigern lassen sich:** einzig, richtig, quadratisch, blind, stumm, viereckig

6

leserlich	leserlicher	am leserlichsten
menschlich	menschlicher	am menschlichsten
stark	stärker	am stärksten
schön	schöner	am schönsten
gut	besser	am besten

Seite 22

1 *Ein Tag im Freibad (1)*

Sophia will mit ihrer besten Freundin Laura ins Freibad gehen. Ihre Mutter möchte, dass **sie** ihren kleinen Bruder Otto mitnimmt: „**Er** wird euch eure Laune schon nicht verderben!", sagt **sie**. „Hast **du** eine Ahnung!", stöhnt Sophia und willigt schließlich ein.
Kaum sind **sie** an ihrem Lieblingsplatz nah am Beckenrand angekommen, geht es schon los. Otto hat sein Handtuch vergessen und bettelt seine Schwester an: „Bitte gib mir doch dein Handtuch! **Ihr** könnt euch doch das von Laura teilen. **Es** ist groß genug! **Sie** hat bestimmt nichts dagegen!" „Nein, mein Handtuch kannst **du** nicht haben! **Du** brauchst ja nicht ins Wasser zu gehen, dann wird deine Badehose auch nicht nass. Und verschwinde von unserem Platz!" „Das werde **ich** Mama erzählen, dann bekommst **du** was zu hören!"

2 *Beispiele:*
b) Die Mädchen können sich im Zoo vor Lachen über die Affen, die wild von Ast zu Ast springen, kaum halten.
d) Otto geht jeden Tag mit seinem Hund spazieren. Dieser wälzt sich dabei oft im Dreck.
e) Emma betrachtet ihre neue Hose, die beim Spielen mit der Katze schmutzig geworden ist.
f) Otto besucht mit seinem Hund Emma und ihre Katze. Die Tiere gehen sofort aufeinander los.

Seite 23

3 *Personalpronomen:* **fett**
Possessivpronomen: underlined

Ein Tag im Freibad (2)

Plötzlich hören die Geschwister lautes Geschrei. Laura ist gestolpert und mitsamt <u>ihrer</u> Badetasche rückwärts ins Wasser gefallen. **Sie** rudert wild mit den Armen: „Helft mir, <u>meine</u> ganzen Sachen gehen unter!" Otto springt sofort hinterher und bringt alles an Land. Die Mädchen sind froh, dass sich Sophias kleiner Bruder als so nützlich erwiesen hat. „Hier, **du** kannst <u>mein</u> Handtuch haben und natürlich auch auf <u>unserem</u> Platz liegen!", sagt Laura. „Wie gut, dass **wir** dich mitgenommen haben! Soll **ich** dir ein Eis holen?"

4 *euer* neues Schlauchboot – von *deiner* „Heldentat" – an *meinem* Eis – auf *meinem* Handtuch – in *meinen* nassen Sachen – *euer* Tag

Seite 24

1 mit Eifer – an der Wand – auf dem Nachttisch – im Computer – im Schlafzimmer – in der Garage – überm Bahnhofseingang – Wegen der Sommerzeit – im Jahr – um eine Stunde

2 ⟨nach⟩ der Uhr – ⟨Um⟩ ein Uhr – ⟨bis⟩ zwei Uhr – ⟨an⟩ den Schulaufgaben – ⟨bis⟩ fünf Uhr – ⟨um⟩ halb sechs – ⟨mit⟩ den Kindern – ⟨von⟩ abends sieben – ⟨bis⟩ morgens sieben – ⟨Um⟩ acht Uhr – ⟨zur⟩ Schule – ⟨um⟩ zwölf Uhr – ⟨zu⟩ Haus

Seite 25

1 **Singular:** ich staune, du staunst, er/sie/es staunt
Plural: wir staunen, ihr staunt, sie staunen

2 Ich habe – Du hast – Er hat – Sie hat – Es hat – Wir haben – Ihr habt – Sie haben – Sie haben – Sie haben

3 vergisst – gibt – nimmt – isst – sieht – hilft

Seite 26

4 lass – lasst!/lassen
leg – legt!/legen
beweg – bewegt!/bewegen
Nimm – nehmt!/nehmen
lies – lest!/lesen
lies – lest!/lesen

5 Dreh! (oder: Drehe!) Dreht!
Gib! Gebt!
Steh! (oder: Stehe!) Steht!
Zeig! (oder: Zeige!) Zeigt!

Seite 27

6 *Beispiele:*
Leg sofort den Walkman weg!
Erklär mir bitte die Mathematikaufgabe!
Recherchiere doch im Internet unter www.jugendliteratur.org die Buchtipps!
Gib mir das Lineal zurück!

Seite 28

1 *Präsensformen des Verbs:* **fett**
Subjekte: underlined

Ab sofort **gelten** <u>folgende Regeln</u>!

<u>Paul</u> **ruft** immer in die Klasse. Sobald Lehrer Quest eine Frage gestellt hat, **gibt** <u>Paul</u> schon die Antwort. Und **ist** doch mal <u>ein anderes Kind</u> schneller, dann **unterbricht** <u>er</u> es. <u>Das</u> **nervt** die Mitschülerinnen und Mitschüler. <u>Sie</u> **verdrehen** die Augen und **beschweren** sich: „Ach, Paul. Du warst doch gar nicht dran!" oder „Paul, <u>du</u> **bist** hier nicht alleine in der Klasse!" oder „Paul, lass die anderen mal ausreden!" <u>Sie</u> **verabreden** folgende Regel in der Klasse: <u>Man</u> **gibt** nur dann eine Antwort, wenn man sich gemeldet hat und <u>der Lehrer</u> einen **drannimmt. Spricht** <u>jemand anderes</u>, **unterbricht** <u>man</u> ihn nicht.
<u>Paul</u> **versucht,** sich daran zu halten. <u>Er</u> **meldet** sich brav, aber

dabei **ruft** *er schon: „Bitte, ich* **weiß** *es!"* <u>Niklas</u> **erinnert** *ihn an die Regel.* <u>Paul</u> **guckt** *verständnislos: „Wieso, ich habe mich doch gemeldet. Und die Antwort habe ich auch noch nicht gesagt!"* <u>Katharina</u> **macht** *einen Vorschlag:* <u>„Wir</u> **müssen** *die Regel erweitern:* <u>Handzeichen</u> **sind** *stumm."*
Paul **erklärt** *sich einverstanden. Doch beim nächsten Mal* **fuchtelt** <u>er</u> *so wild mit seinem aufgestreckten Finger herum, dass er fast dem Lehrer die Brille von der Nase geschlagen hätte. Zunächst* **müssen** <u>alle</u> *lachen und* <u>Paul</u> **lacht** *mit. Dann* **flüstert** <u>er</u>: *„Ich* **habe** *immer Angst, dass* <u>ich</u> *sonst überhaupt nicht* **drankomme.** *Meine Eltern haben gesagt,* <u>ich</u> **soll** *immer mitreden, wenn* <u>ich</u> *was* <u>weiß</u>." *Lehrer Quest* **nickt:** <u>„Das</u> **ist** *ja gar nicht so falsch.* <u>Deine Meinung</u> **ist** *wichtig. Aber in einer Klassengemeinschaft* **sind** <u>alle</u> *gefragt und* <u>man</u> **muss** *auch gut zuhören können.* <u>Ich</u> **mache** *einen Vorschlag.* <u>Wir</u> **beschäftigen** *uns in den nächsten Stunden etwas genauer mit dem Thema ‚Reden und zuhören'."*

2 a) *Du redest/Wir reden/Sie reden*
b) **Mögliches Hör-Gedicht:**
Antwort
Ich höre zu.
Du hörst zu.
Er/sie/es hört zu.
Wir hören zu.
Ihr hört zu.
Hat denn keiner was zu sagen?

Seite 29

3 **Futur**
Was <u>werden</u> *die Lehrer wohl über Simon* <u>sagen</u>?
<u>Werden</u> *sie ihn* <u>loben</u>, *weil er sich verbessert hat?*
Oder <u>wird</u> *Frau Nörgel wieder* <u>anmahnen</u>…?
Mit Herrn Flüstermann <u>wird</u> *man sicher reden* <u>können</u>.
Hoffentlich <u>wird</u> *auf dem nächsten Zeugnis nicht wieder* <u>stehen</u>…
Vielleicht <u>werden</u> *die Lehrer mal ein Auge* <u>zudrücken</u>.

Präsens
… dass er sich mehr anstrengen <u>muss</u>?
Er <u>ist</u> *ja ganz umgänglich.*
Simon <u>muss</u> *sich mehr am Unterrichtsgeschehen beteiligen…*
Da <u>können</u> *sie ja gleich schreiben: Simon* <u>quatscht</u> *zu viel und* <u>meldet sich</u> *zu wenig.*
Eine Zeugnisbemerkung wie „Simon führt sein Amt als Klassensprecher engagiert aus" <u>hört sich</u> *natürlich besser* <u>an</u>.
Zu dumm, dass Herr Flüstermann (<u>stets</u>) *so viel Wert auf absolute Ruhe* <u>legt</u>.
Auch (<u>im neuen Schuljahr</u>) <u>sagt</u> *er sicher: „Silentium! Sonst* <u>kann</u> *ja keiner arbeiten."*
Silentium <u>ist</u> *Lateinisch und* <u>heißt</u>: *Ruhe! Das kann man auch auf Deutsch sagen!*

4

Infinitiv	Präsens	Futur
werden	es wird	es wird werden
geben	es gibt	es wird geben
reden	er redet	er wird reden
legen	er legt	er wird legen

Seite 30

5 *Der „schlechte Schüler" hat die unterschiedliche Bildung des Präteritums bei starken, schwachen und unregelmäßigen Verben nicht beachtet. Die meisten starken oder unregelmäßigen Verben hat er wie schwache Verben gebildet, d. h. einfach nur ein -te angehängt: kommen – ich „kommte", das hört sich auch so merkwürdig an, weil er die Veränderung des Stammvokals nicht berücksichtigt hat. Außerdem hat er schwache Verben nicht richtig konjugiert (prophezeien – „prophezieh") und zum Teil mit einem -te zu viel bedacht: „machtete".*

6 *gehte: ging – bringte: brachte – ansehte: ansah – sprechte: sprach – gebte: gab – scheinte: schien – rinnte: rann – beginnte: begann – sitzt': saß – schreibte: schrieb – leste: las – machtete: machte – werdete: wurde – helfte: half – prophezieh: prophezeite – verlasste: verließe – wörde: würde – willte: wollte – kommte: kam – stak: steckte – werdete: wurde*

Seite 31

7 *hat angerufen – (hat) angemahnt – hat gesagt – hat genickt – (hat) verlassen – ist gestampft – hat sich gequetscht – habe gesehen – gegangen ist – ist herausgekommen – (ist) weitermarschiert – hat aufgelegt – bin gefallen – habe geglaubt – ist geklettert – ist gefahren – haben sich beschwert – bin gewesen – hat gemacht – gesagt hast – hast missverstanden – hat getauft*

8 *Nachdem die Klassenlehrerin* <u>angerufen hatte</u> *(Plusquamperfekt),* <u>sprach</u> *(Präteritum) Frau Spiegel mit ihrer Tochter. Da Pauline viele Eulenspiegel-Geschichten* <u>gelesen hatte</u> *(Plusquamperfekt),* <u>ließ</u> *(Präteritum) sie sich immer neue Streiche einfallen.*

Seite 32

9 *sie … beendet hatten (3. Pers. Pl. Plusq.)*
<u>fragte</u> *die Frau (3. Pers. Sg. Prät.)*
<u>sprach</u> *er (3. Pers. Sg. Prät.)*
Er <u>rief</u> *(3. Pers. Sg. Prät.)*
ich … gesetzt habe (1. Pers. Sg. Perf.)
<u>bleib</u> *(Imp. Sg.) –* <u>iss</u> *(Imp. Sg.)*
Ich <u>will</u> *(1. Pers. Sg. Präs.)*
du <u>bist</u> *(2. Pers. Sg. Präs.)*
meine Dienste … gefallen (3. Pers. Pl. Präs.)
<u>stand</u> *der Kaufherr* <u>auf</u> *(3. Pers. Sg. Prät.)*
Eulenspiegel <u>schwieg</u> *(3. Pers. Sg. Prät.)*
der Kaufmann … verlassen hatte (3. Pers. Sg. Plusq.)
<u>brachte</u> *er (3. Pers. Sg. Prät.)*
Das <u>kam</u> *(3. Pers. Sg. Prät.)*
<u>Finde</u> *ich (1. Pers. Sg. Präs.)*
<u>Lass</u> *(Imp. Sg.)*
er ausgeräumt hatte (3. Pers. Sg. Plusq.)
die Nachbarn … <u>lachten</u> *(3. Pers. Pl. Prät.)*
wer … hat (3. Pers. Sg. Präs.)

Seite 33

1
Wir sind etwas zu früh gekommen.
Ist es schlimm?
Wir sind noch nicht ganz fertig.
Wartet noch einen Moment draußen!
Ich frage Mama, ob sie uns hilft.
Sind die anderen auch schon da?
Der Tisch ist noch nicht gedeckt.
Hier ist euer Geschenk.
Packt es aber noch nicht aus!
Wen habt ihr noch eingeladen?

2
Aussagesatz
Du kannst den Kuchen auf den Tisch stellen.
Ihr könnt jetzt das Geschenk auspacken.
Wir wollen jetzt etwas spielen.
Ihr solltet beim Aufräumen helfen.

Aufforderungssatz
Stell den Kuchen auf den Tisch!
Packt das Geschenk jetzt aus!
Lasst uns jetzt etwas spielen!
Bitte helft uns beim Aufräumen!

Fragesatz
Könntest du bitte den Kuchen auf den Tisch stellen?
Wollt ihr das Geschenk nicht auspacken?
Sollen wir jetzt nicht etwas spielen?
Wollt ihr nicht beim Aufräumen helfen?

Seite 34

1
(Manche deutschen Sätze) (klingen) (in meinen Ohren) (ziemlich merkwürdig.)
Manche deutschen Sätze klingen ziemlich merkwürdig in meinen Ohren.
In meinen Ohren klingen manche deutschen Sätze ziemlich merkwürdig.
Ziemlich merkwürdig klingen in meinen Ohren manche deutschen Sätze.
Ziemlich merkwürdig klingen manche deutschen Sätze in meinen Ohren.

2
Davids kleiner Bruder wäre gestern im Schwimmbad fast ertrunken.
Die ganze Badeanstalt muss der Bademeister doch eigentlich beobachten.
Auf der Rutsche ganz hinten im Nichtschwimmerbereich war Davids Bruder gerade.
Das Seepferdchen hat er aber doch schon längst.

Seite 35

3
Leas Eltern waren → Sie waren
In ihrem Zimmer → Dort
meine Familie anrufen → sie anrufen
Die tollen Unternehmungen organisiert → Diese organisiert
in der Burg → dort
Die echten Ritter → Sie
das Schwert nur aus Plastik → es nur aus Plastik
In dem Schwimmbad → Dort
Die Riesenrutsche → Sie
Lust auf den Schüleraustausch → Lust darauf

Seite 36

1
a) Ein Kind **wächst** – Sahne **wird** – Die Eier **legt** – Vom Baume **stammt** – Doch **gibt** – Aus 'nem Ei **kroch** – Der Same für den Baum **steckt**
b) Das Prädikat steht immer an der 2. Satzgliedstelle.

2
war – fragte – sagte – erklärte – weiß – habe ... verstanden (Prädikatsklammer)

Seite 37

3
Die Dinosaurier (sind) vor 65 Millionen Jahren (ausgestorben).
Damals (ist) ein riesiger Meteorit von 10 km Durchmesser bei Mexiko in die Erde (eingeschlagen).
Ein Feuerball (hat) dort alles im Umkreis von 3000 km (verbrannt).
Staubwolken (haben) monatelang die Sonne auf der ganzen Erde (verdunkelt).
Dadurch (sind) 80% aller Lebewesen im Wasser und 50% aller Lebewesen an Land (gestorben).
Die Dinosaurier (waren) schon vorher durch die neu entstandenen Säugetiere (geschwächt).
Durch den Meteorit (wurden) sie dann endgültig (ausgerottet).

Seite 38

1
Prädikat: underlined, Subjekt: **fett**
(Im Erdmittelalter) (bestand) **die Erde** (aus einem einzigen von Meer umgebenen Kontinent).
(Dort) (tauchte) (vor 230 Millionen Jahren) **ein kleines Reptil** (auf).
(Aus diesem Reptil mit Namen Dinosaurier) (entwickelten sich) (dann) **die größten Tiere der ganzen Erde**.
Manche Dinosaurier (hatten) (Stacheln, Hörner oder Sonnensegel).
(So viel wie 20 erwachsene Elefanten) (wog) **der Brachiosaurus**.
Die meisten Dinosaurier (fraßen) (verschiedene Pflanzen).
Sie (beherrschten) (die Erde) (über 150 Millionen Jahre).

2
Ein Dinosaurier rettete sich – **Er** spazierte ... spuckte – war **er** – **Die Leute** staunten – **Die Eltern** verboten – **Besonders mutige Kinder** schlichen sich – **Ich** bewies – **du** es wagst – mache **ich** – sagte **mein bester Freund** – **Wir** suchten – **Es** kam – **ich** kletterte

Seite 39

1
a) Wer spricht da? – Subjekt.
Wen oder was hast du im Museum gesehen? – Akkusativobjekt.
Wer oder was wurde so groß wie ein Kirchturm? – Subjekt.
Wer hat euch alles genau erklärt? – Subjekt.
Wen oder was hättest du gerne als Haustier? – Akkusativobjekt.
Wem haben die nichts getan? – Dativobjekt.
Wem willst du die Fotos zeigen? – Dativobjekt.
Wem soll ich schöne Grüße sagen? – Dativobjekt.
Was sollen wir heute Abend essen? – Akkusativobjekt.

b) **Beispiele:**
Hallo, hier spricht Max.
Stell dir vor, ich habe im Museum Dinosaurier gesehen!
Der Brontosaurus wurde so groß wie ein Kirchturm.
Der Museumsführer hat uns alles genau erklärt.
Ich hätte ja gern einen Brachiosaurier als Haustier.
Die haben nämlich den anderen Tieren nichts getan.
Ich freue mich schon darauf, euch die Fotos zu zeigen.
Sag Mama schöne Grüße von mir!
Können wir vielleicht heute Abend Spaghetti essen?

Seite 40

1
1. im Urmeer (Wo ...? → adverbiale Bestimmung des Ortes)
2. vor drei Milliarden Jahren (Wann ...? → adverbiale Bestimmung der Zeit)
3. Anfangs (Wann ...? → adverbiale Bestimmung der Zeit)
4. Langsam (Wie ...? → adverbiale Bestimmung der Art und Weise)
5. wegen ihrer Widerstandsfähigkeit (Warum ...? → adverbiale Bestimmung des Grundes)
6. Mit Hilfe verschiedener Untersuchungen (Wie ...? → adverbiale Bestimmung der Art und Weise)

2
Auf Pangäa lebten alle Tierarten des Landes.
Erstaunlich gut entwickelten sich Käfer.
Seit ungefähr 230 Millionen Jahren gibt es die Kakerlake.
Wegen ihrer Widerstandsfähigkeit hat man noch heute Probleme, sie aus Küche oder Keller zu entfernen.

Seite 41

3
1. in ihrer Umwelt – Wo ...? → adverbiale Bestimmung des Ortes
2. müssen finden – Prädikat
3. den Tieren – Wem ...? → Dativobjekt
4. zu viele und zu starke Feinde – Wen oder was ...? → Akkusativobjekt
5. für eine längere Zeit – Wie lange ...? → adverbiale Bestimmung der Zeit
6. eine Schutzstrategie – Wen oder was ...? → Akkusativobjekt
7. Durch Verfärben der Außenhaut – Wie ...? → adverbiale Bestimmung der Art und Weise
8. mit ihren schnellen Beinen – Wie ...? → adverbiale Bestimmung der Art und Weise
9. Ein gutes Versteck – Wer oder was ...? → Subjekt
10. ein Tier – Wer oder was ...? → Subjekt
11. Ihm – Wem ...? → Dativobjekt
12. hatten sich eingerichtet – Prädikat
13. Zum Wärmen ihres Körpers – Wozu ...? → adverbiale Bestimmung des Grundes
14. in dieser Zeit – Wann ...? → adverbiale Bestimmung der Zeit

Seite 42

1
Nebensätze = unterstrichen

Die Seeräuber um Claus Störtebeker waren gefürchtet, da in den letzten Jahrzehnten des 14. Jahrhunderts kaum ein Handelsschiff vor ihnen sicher war.
Die Piraten nannten sich „Vitalienbrüder" oder auch „Likedeeler" (Gleichteiler), weil sie einen Teil der Beute gerecht an arme Leute verteilten. Der Name „Störtebeker" ist wohl vom plattdeutschen „Stürz den Becher" abgeleitet worden, da der Seeräuber angeblich einen riesigen Becher mit einem Zug leeren konnte.

Die Piraten unterstützten seit 1390 die mecklenburgischen Herzöge in ihrem Kampf gegen das schwedische Königshaus, bevor sie auch gegen Dänemark und dann gegen alle Schiffe auf der Ostsee kämpften.
Als Mecklenburg und Dänemark 1395 Frieden schlossen, zogen sich die Seeräuber auf die Insel Gotland zurück. Nachdem sie drei Jahre später von dort vertrieben worden waren, flohen die Piraten nach Ostfriesland. Weil die Häuptlinge der ostfriesischen Küste untereinander verfeindet waren und jeder nach Verbündeten im Kampf gegeneinander suchte, wurden die Seeräuber mit offenen Armen empfangen. In den Fischerhäfen an der Küste konnten sie sich mit ihren kleinen Schiffen gut verstecken, da die Küste zerklüftet und unübersichtlich war.

Seite 43

2
*unterordnende Konjunktionen = **fett***
Nebensätze = unterstrichen

*Die Hansestadt Hamburg ging 1400 mit Flottenverbänden gegen die Piraten vor, **weil** diese den Handel durch ihre Plünderungen störten. **Nachdem** Claus Störtebeker geflohen war, kam er nach Helgoland, seinem neuen Stützpunkt. Von hier aus lief er mit der Flut aus und überfiel Schiffe vor der Elbe, **bevor** er mit dem Beginn der Ebbe wieder zurückkehrte.*
***Weil** die Piraten den Handel zwischen Hamburg und England so sehr behinderten, wurde wieder eine Kriegsflotte von Hamburg aus geschickt. **Obwohl** die Seeräuber heftig kämpften, wurden Störtebeker und seine Mannschaft besiegt und nach Hamburg gebracht. Ein Verräter soll das Steuerruder seines Schiffes mit Blei ausgegossen haben, **weshalb** Störtebeker nicht mehr lenken konnte. Er wurde mit seinen Kameraden gefangen genommen und nach Hamburg gebracht. **Nachdem** er zum Tode verurteilt worden war, wurden er und seine Leute vermutlich 1401 hingerichtet. Der Sage nach lief er nach seiner Enthauptung noch mehrere Meter weit, **bis** ihm der Henker ein Bein stellte.*

3
Nebensätze = unterstrichen

Der Kapitän ordnete die sofortige Umkehr in den sicheren Hafen an, als er durch das Fernrohr am Horizont das Piratenschiff entdeckte. Das Handelsschiff wurde geentert, obwohl die Schiffsleute die weiße Flagge gehisst hatten. Das Schiff kenterte, weil die Wellen so hoch schlugen und die Mannschaft die Kontrolle verlor. Nachdem sie die wertvolle Ladung erbeutet hatten, brach ein gewaltiger Streit um den größeren Teil der Beute aus.

Seite 44

1
Satzreihen: unterstrichen
*nebenordnende Konjunktionen: **fett***

*Das Handelsschiff „Gloria" befand sich auf hoher See, als die Piraten den Angriff versuchten. Kapitän Hartfield wurde aus dem Schlaf gerissen, |**denn** er hörte Holz splittern. Ein Enterhaken hatte sein Segelschiff an der Reling getroffen, |es krachte laut. „Es ist ein Überfall, |wir müssen alle sofort an Deck!" So rief er, während ein zweiter und dritter Enterhaken die Masten trafen. Das Schiff neigte sich zur Seite, | Wellen schwappten aufs Deck, |die Matrosen kletterten aufgeregt über die enge Treppe nach oben. Die Seeräuber zerrten an den Leinen, |**und** sie zogen die „Gloria" nah an ihr Schiff. Schon sprang der erste Pirat an Deck, |**aber** einer der Matrosen durchtrennte mit seinem Messer die Leine des Enterhakens.*

2 Ein Pirat nach dem anderen sprang auf die Gloria, **aber** weitere Matrosen griffen zu ihren Messern, **und** jeder von ihnen durchtrennte schnell und geschickt die Leinen. Einer der Angreifer wollte gerade nach der Reling greifen, **doch** er verlor den Halt. Die Schiffe drifteten wieder auseinander, **und** der Seeräuber fiel kopfüber ins dunkle, tosende Meer. Die Piraten an Deck der geenterten „Gloria" kämpften, **oder** sie versuchten zu fliehen. Es blieb ihnen aber nur der Sprung ins wilde, eisige Wasser, **denn** sie hatten keine andere Möglichkeit, wieder an Bord ihres Piratenschiffes zu gelangen.

Seite 45

2

	geraten	Sitzgelegenheit	
Ablauf	Teekessel	dauert	erraten

Seite 46

1 **Beispiele:**
träumen: der Traum, traumhaft
sie ernährte sich: die Nahrung, nahrhaft
Räuber: der Raub, rauben
Häufchen: der Haufen, haufenweise
täglich: der Tag, tagsüber
schälen: die Schale, schalenlos
Häuptling: das Haupt, die Hauptsache
bärtig: der Bart, bartlos
er gräbt: das Grab, graben
tatsächlich: die Tatsache
sich häuten: die Haut, hautfreundlich
äußerlich: außen, der Außenseiter
sich schämen: die Scham, schamlos
Männchen: der Mann, die Manndeckung

2

Kälbchen, das Kalb	Rätsel, raten
jährlich, das Jahr	Säugetier, saugen
bläulich, blau	Mäuse, die Maus
Kästchen, der Kasten	Wärter, warten

Seite 47

3 Wort-kette, Kreis-spiel, Teil-nehmer, Karten-spiel, Zusammen-setzung, Spiel-anzug, Minus-punkt

4 Schorn-stein-feger-leiter-sprosse
Fuß-ball-tor-wart-knie-schoner
Schüler-ruck-sack-reiß-verschluss
Feuer-wehr-auto-rück-sitz-bezug
Kinder-fahr-rad-vorder-reifen-druck
Zoo-wärter-käfig-schlüssel-bund

Seite 48

5

Hemd, die Hemden	wild, eine wilde Katze
mutig, ein mutiges Kind	Berg, die Berge
er hebt, heben	Staub, ein staubiger Boden
Rand, die Ränder	Lob, loben

6 Chistian Morgenstern
Der Zwölf-Elf

Der Zwölf-Elf hebt die linke Hand:
Da schlägt es Mitternacht im Land.
Es lauscht der Teich mit offnem Mund.
Ganz leise heult der Schluchtenhund.
Die Dommel reckt sich auf im Rohr.
Der Moosfrosch lugt aus seinem Moor.
Der Schneck horcht auf in seinem Haus;
Desgleichen die Kartoffelmaus.
Das Irrlicht selbst macht Halt und Rast
Auf einem windgebrochnen Ast.
Sophie, die Maid, hat ein Gesicht:
Das Mondschaf geht zum Hochgericht.
Die Galgenbrüder wehn im Wind.
Im fernen Dorfe schreit ein Kind.
Zwei Maulwürf küssen sich zur Stund
Als Neuvermählte auf den Mund.
Hingegen tief im finstern Wald
Ein Nachtmahr seine Fäuste ballt:
Dieweil ein später Wanderstrumpf
Sich nicht verlief in Teich und Sumpf.
Der Rabe Ralf ruft schaurig: „Krah!
Das End ist da! Das End ist da!"
Der Zwölf-Elf senkt die linke Hand:
Und wieder schläft das ganze Land.

Seite 49

1

Freun-de	Samm-lung	höchs-tens
Chi-na	Ra-be	put-zig
neh-men	Was-ser	Bal-kon
Brief-mar-ken	Ap-fel	wei-ter
for-dern	Knos-pe	Hand-lung
Mes-se	Le-der	Fens-ter
Ho-tel	Pla-net	Mar-der
Ro-si-ne	Kas-ten	Eig-nung

2

Bü-cher	Heu-schre-cke	rei-chen
Zu-cker	mat-schen	Ma-sche
ba-cken	Rü-cken	ver-ste-cken
Fla-sche	de-cken	Wä-sche
krie-chen	Ta-sche	Mäd-chen
drü-cken	Ra-cker	Ge-schich-te

Seite 50

1 A, B, C, D, E, F, G, H, I, J, K, L, M, N, O, P, Q, R, S, T, U, V, W, X, Y, Z

2 C, D – F, G – J, K – O, P – R, S – V, W – X, Y

3 (Beispiele)

Pflanzen:	**Kleidungsstücke:**
Apfelbaum	Gürtel
Buche	Hose
Chrysantheme	Indianerkostüm
Distel	Jacke
Efeu	Kleid
Farn	Ledermantel

Nahrungsmittel:	Vornamen:
Milch	Tobias
Nüsse	Ulrike
Orangensaft	Vanessa
Popcorn	Wilhelm
Quark	Xaver
Rosinen	Yvonne
Süßigkeiten	Zacharias

4 Spielautomat, Spielbeginn, Spielfigur, Spielfreude, Spielhalle, Spielkamerad, Spielleiter, Spielminute, Spielwaren

Seite 51

1 / 2 *Hausaufgaben leicht gemacht!*

„Klein ist fein", denkt sich Tom und will sich einen Spaß daraus machen, die Hausaufgaben nur mit kleinen Buchstaben aufzuschreiben. Wozu diese Umstände, findet er, das kann doch jeder Leser prima entziffern. Außerdem kann man so eine Menge Zeit und Anstrengung sparen.
Als Tom seine Aufgaben mit dem Computer tippt, werden viele Wörter rot unterkringelt, zum Beispiel sein Name. Nach einem Punkt korrigiert das Programm selbstständig die Großschreibung und Tom muss die Satzanfänge wieder kleinschreiben. Auch merkt Tom, dass er manche Wörter automatisch großschreibt, weil er gelernt hat, dass Nomen großgeschrieben werden, und die erkennt jeder an ihrem Artikel oder man kann einfach einen Artikel davorsetzen. Nach einer Weile gibt Tom es auf. Oder soll er jetzt mal alles großschreiben?

Seite 52

3 Weiß der Himmel, wer da wieder Zucker verstreut hat. Der Küchenboden ist ganz weiß.
Hast du schon bemerkt, dass sich die Menschen wie Kreisel drehen in der täglichen Hetze und Hast.

4 Hans Manz
Der Hut

Warum wohl rutscht dem Manne dort,
der Stücke aus der Straße bricht
mit dem schweren Pressluftbohrer,
der Hut nicht vom Gesicht?
Der Bohrer rüttelt und schüttelt doch?
Ja, aber der Mann braucht Kraft und schwitzt,
sodass ihm der Hut gut angeklebt
auf dem gebeugten Kopfe sitzt.

Seite 53

5 Fußballbegeisterung – Leidenschaft – Nomenendungen – Ratlosigkeit – Nationalmannschaft – Leistung – Enttäuschung – Rückeroberung – Tabellenführung – Nationalmannschaft – Schwierigkeiten – Beschönigung – Laufbereitschaft – Entschuldigung – Wagnis – Krankheit – Hindernis – Erklärung – Verfügung – Hemmnisse – Verständnis – Zeugnis – Faulheit – Ärgernis – Ergebnis – Verhältnis – Leistung – Weltmeisterschaft – Heldentum – Eitelkeiten – Mannschaft – Sprachlosigkeit – Heiterkeit – Sonnenfinsternis – Erfahrung

6 die Tapferkeit, die Werbung, das Brauchtum, die Eitelkeit, die Verwandtschaft, der Reichtum, die Zeichnung, die Errungenschaft/ die Erringung, die Freiheit, die Kenntnis/die Kennung, das Eigentum/die Eigenschaft/die Eigenheit, die Umgebung

Seite 54

7 *Betreff: Das letzte Spiel*

Liebes Team,
ihr habt super gespielt. Ich habe noch nie ein so spannendes Spiel von **euch** gesehen. Aber das heißt nicht, dass **ihr euch** auf die faule Haut legen könnt. Denn **ihr** wisst ja: Nach dem Spiel ist vor dem Spiel. Und **euer** nächstes Spiel ist das schwerste. Aber ich habe da keine Sorgen: Mit **eurem** Teamgeist und **eurer** Ausdauer könnt **ihr eure** Leistung steigern. Dafür ist natürlich hartes Training nötig – **ihr** kriegt das hin!
Euer Trainer

8 SPORTJOURNALIST: Das letzte Duell hat eine verblüffende Leistungssteigerung **Ihrer** Mannschaft gezeigt. Wie erklären **Sie** sich diese Entwicklung?
TRAINER: Sicher haben **Sie** sich über die Mannschaftsaufstellung gewundert. Denn ich habe viele junge, eher unerfahrene Spieler zum Zuge kommen lassen. Gerade **sie** waren es, die dem Spiel die Impulse geliefert haben, und **sie** haben alle ein enormes Laufpensum absolviert.
SPORTJOURNALIST: Ich habe selten einen Trainer wie **Sie** erlebt, der sich so für seine Mannschaft eingesetzt hat. Meinen **Sie**, das hat **Ihrer** Mannschaft Auftrieb gegeben?
TRAINER: Die Spieler äußerten, dass **sie** sich sehr von mir unterstützt gefühlt haben.
SPORTJOURNALIST: Irgendwie erinnern mich **Ihre** Spieler in **ihrer** Arbeitsmoral an mittelmäßige Schüler. Wenn Klassenarbeiten anstehen, pauken **sie** den Stoff, danach versinken **sie** wieder in Trägheit.
TRAINER: Sehen **Sie**, es wurde deutlich, dass die Spieler auch mit erheblichem Druck umgehen können und **ihre** ganze Energie dann aufbringen, wenn es nötig ist. Ich sehe in **ihnen** echte Profis.
SPORTJOURNALIST: Ich danke **Ihnen** für das Gespräch.

Seite 56

1 / 2

Wörter mit zwei oder mehr **verschiedenen Konsonanten** nach betontem kurzem Vokal:	Wörter mit **verdoppeltem Konsonanten** nach betontem kurzem Vokal:
Letzter, Herbsttag, bunt, **und**, hold, **durch**, Gold, blitzt, sitzt, Hand, Wimpern, jetzt, Schwingen, dort, Herzens, Rand, sprich, Wort, nicht, Hand, fort	Schmetterling Himmel Stille dass zusammengelegt

Seite 57

3

		S	P	R	U	N	G		
	G	E	W	I	C	H	T		
	T	E	C	H	N	I	K		
D	U	R	C	H	G	A	N	G	

Lösungswort: Ring

			W	A	C	H			
		S	P	E	R	R	E		
		S	T	A	F	F	E	L	
	L	I	C	H	T				
D	U	R	C	H	B	R	U	C	H
		R	E	N	N	E	N		
			W	E	C	H	S	E	L
		G	E	W	I	N	N	E	R
Z	I	T	T	E	R	N			
			B	A	L	L			

Lösungswort: *Wettbewerb*

		S	C	H	W	I	M	M	E	N
		P	A	D	D	E	L			
	A	U	S	L	A	S	S	E	N	
S	C	H	N	E	L	L				
		B	E	S	S	E	R			

Lösungswort: *Halle*

4 *Sprung, Gewicht, Technik, Durchgang, Ring, wach, Licht, Durchbruch, Wechsel*

Seite 58

5 *Regel 1: Nach betonten kurzen Vokalen folgen meist zwei Konsonanten, z. B. Geld, Gold, oft.*
Regel 2: Hörst du nur einen Konsonanten, wird er beim Schreiben verdoppelt, z. B. gewiss, kann, Sommer.
Regel 3: Nach einem betonten kurzen Vokal kann ein Laut folgen, der mit mehreren verschiedenen Buchstaben geschrieben wird, z. B. doch, sich.

6 *Gewiss (2) kann (2) Schweigen Gold (1) oft (1) sein.*
Doch (3) bringt (3) auch Reden Geld (1) herein.
Im Morgenblatt (2) liest man genau:
Macht, Meinung, Mord (1) und Modenschau.
Dass (2) Wahl zur Qual wird (1), ist bekannt (2).
Doch (3) quengle (3) nicht als (1) Querulant.
Kaum sank der Sommer (2), sonnenreich (2) –
„Sauwetter!", (2) schimpft (1) ein jeder gleich.
Die Freizeit macht (3) die Massen (2) frei –
Für Fußball (2), Fernsehn (1), Fresserei (2):
Es schafft (2), wer nicht mehr kochen (3) kann (2),
Konserven sich (3) und Kühlschrank (1) an.

Seite 59

7 a/b)

D	R	E	C	K
T	R	I	C	K
S	T	U	C	K
B	L	O	C	K
K	N	I	C	K

Lösungswort: *Druck*

c/d)

S	P	E	C	K
B	L	I	C	K
D	R	U	C	K
S	T	O	C	K
S	P	I	C	K

Lösungswort: *S(ch)luck*

8 *Katze, Spatz, kratzen, Tatzen, Rotz, Fratze, Plätzchen*

Seite 60

9 *Worterklärungen:*
der Stecken = Stab
spack = dürr, eng
der Kratz = Schramme
die Zitze = Organ zum Säugen bei weiblichen Tieren

Beispiele:
***Stecken,** schlecken, Zecken, Decken, wecken, recken, Flecken, necken, schmecken, verdrecken, entdecken*
***spack,** hack!, back!, Sack, Frack, Zack, Schnack, Pack, Lack*
***Kratz,** Latz, Schatz, Platz, Schmatz, Fratz, Spatz, Satz, Hatz*
***Zitze,** Ritze, Hitze, Blitze, Witze, Spitze, Lakritze, Litze*
***bestücken,** schmücken, pflücken, drücken, glücken, rücken, Mücken*
***protzen,** motzen, kotzen, glotzen, strotzen, rotzen*
***Grütze,** Mütze, Pfütze, Stütze, nütze*
***Fetzen,** setzen, hetzen, wetzen*
***Nichtsnutz,** Schmutz, Putz*
***schwätzen,** ätzen*

Seite 61

10 *gesuchte Reimwörter:*
1. Strophe: *rann*
2. Strophe: *duckt*
3. Strophe: *zurückgelegt*
4. Strophe: *sitzen*
5. Strophe: *Schrecken*

11 *Tann, rann, Sommerregen, Plötzlich, nasse, stille, gemuckt, duckt, nutzt, zurückgelegt, lass, Mücken, sitzen, still, Stiefelspitzen, kommt, schnuppert, allmählich, Männchen, aller, Ecken, Schrecken*

Seite 62

12 *Architekt*
Takt
Taktik
Lokal
Lokomotive
Diktat
Akt
aktuell
Paket

13

			A	K	K	O	R	D	
		M	A	K	K	A	R	O	N	I
	M	O	K	K	A				
	A	K	K	U					
	M	A	R	O	K	K	O		
		S	A	K	K	O			
A	K	K	U	S	A	T	I	V	

Gesuchtes Wort: akkurat = genau, sorgfältig

Seite 63

1

malen	Los	Besen	Mut
planen	Ton	fegen	suchen
kramen	holen	Wesen	Schule

2

-hl-	-hm-	-hn-	-hr-
hohl	Lehm	Sahne	bohren
Zahl	zahm	Kahn	führen
Stuhl	Ruhm	Bühne	Jahr
befehlen	nehmen	stöhnen	Rohr

3

Stahl	Wahn	Rahm	Gefahr
Strahl	Zahn	lahm	Nahrung
kahl	Hahn	zahm	wahr
Zahl	Bahn	nahm	verwahren

Seite 64

4 *Beispiele:*
empfehlen: *die Empfehlung, empfehlenswert,*
das Empfehlungsschreiben, anempfehlen
befehlen: *befehlerisch, der Befehl, befehligen, die Befehlsgewalt,*
der Befehlshaber, die Befehlsverweigerung, der Befehlston
stehlen: *der Diebstahl, die Diebstahlsicherung, bestehlen*
lehren: *der Lehrer, belehren, die Belehrung, lehrhaft, lehrreich,*
der Gelehrte
ehren: *beehren, verehren, die Ehre, die Ehrung*
kehren: *der Kehrbesen, verkehren, umkehren, die Kehrtwende,*
verkehrt, bekehren

5 **waagerecht:** *Befehl, Fehler, Ehre, Reh, stehlen, sehr, mehr*
senkrecht: *kehren, Kehre, ehren, Ehre, Wehr, wehren, Lehm,*
Kehle, zehn, Zeh

6 **Wörter mit h:** *Lehm, mehr, ehrlich, Zeh, zehren, ehren, Ehre,*
nehmen, entnehmen, benehmen, nehmen, entehren, ehren,
ehrenhaft
Wörter ohne h: *Mensch, schwer, werben, erben, Hefte*

Seite 65

7

Infinitiv	Präsens 1. P. Sg.	3. P. Sg.	Präteritum 3. P. Sg.	3. P. Pl.
lehren	ich lehre	er/sie/es lehrt	er/sie/es lehrte	sie lehrten
kehren	ich kehre	er kehrt	er kehrte	sie kehrten
verzehren	ich verzehre	sie verzehrt	sie verzehrte	sie verzehrten
stehlen	ich stehle	es stiehlt	es stahl	sie stahlen
wehren	ich wehre	er wehrt	er wehrte	sie wehrten
fehlen	ich fehle	sie fehlt	sie fehlte	sie fehlten

8 *Standuhr, Armbanduhr, Uhrwerk, Werkuhr, Kirchenuhr,*
Uhrzeit, Uhrband, Uhrkette, Uhrzeiger, Digitaluhr,
Schwarzwalduhr, Turmuhr, Uhrturm, Radiouhr

9

Stuhl – Stühle	Huhn – Hühner
Ruhm – rühmen	Gewohnheit – gewöhnen
Bohne – Böhnchen	Rohr – Röhrchen

10

1. Mähne	4. zähmen
2. gähnen	5. ähnlich
3. Fähre	6. Gewähr

Seite 66

1 *Beispiele:*
drehen: *verdrehen, umdrehen, wegdrehen, der Drehstuhl,*
beidrehen, der Dreher, die Drehung, die Drehscheibe, der Draht
nähen: *annähen, umnähen, zunähen, die Näherin,*
das Nähzeug, die Naht
stehen: *anstehen, aufstehen, verstehen, abstehen, die Stehlampe*
drohen: *androhen, bedrohen, die Bedrohung, die Drohgebärde*

2

Infinitiv	Präsens 1. P. Sg.	3. P. Sg.	Präteritum 3. P. Sg.	3. P. Pl.
sehen	ich sehe	er/sie/es sieht	er/sie/es sah	sie sahen
gehen	ich gehe	er/sie/es geht	er/sie/es ging	sie gingen
fliehen	ich fliehe	er/sie/es flieht	er/sie/es floh	sie flohen
glühen	ich glühe	er/sie/es glüht	er/sie/es glühte	sie glühten
mähen	ich mähe	er/sie/es mäht	er/sie/es mähte	sie mähten
geschehen	–	es geschieht	es geschah	sie geschahen
ruhen	ich ruhe	er/sie/es ruht	er/sie/es ruhte	sie ruhten

3 *liebste Kuh – ihre Ruh – ganz nah – kräht der Hahn*

4

der Schuh – die Schuhe	der Zeh – die Zehen
die Krähe – die Krähen	die Mühe – die Mühen
der Floh – die Flöhe	

Seite 67

1

aa	ee	oo
Aachen	Püree, Erdbeeren	Langeoog
Paar	Gelee, Kaffee	Spiekeroog
Aar, Haar	Kanapee, Meer	Wangeroog
Waage	Nordsee, Heer	Koog
Aal	Armeen, Tee	Moor
Maat	Bad Wiessee, Tegernsee	moosbewachsen
Saar, Staaten	Klee, Schnee	Boot
Saal	Idee	Zoo

2 *Aachen, Maat, Maar, Aal, Saal, Haar, Staat*

Seite 68

3 *Heer, Schnee, Gelee, Kaffee, Klee, Fee, Allee, Tee, Tournee, Spree,*
See, Moschee, Beere, Komitee, Orchidee, Meer, Speer, Klischee,
Idee, Armee, Teer, Püree

4

Gelee	Tournee	Klischee	Püree	Komitee
Allee	Armee	Kaffee	Moschee	Orchidee

5 *Seelenheil, Erdbeere, Fencheltee, Märchenfee, Blumenbeet,*
Lorbeerblatt, Teerstraße, Reedereiflagge

6 *Bootsfahrt – Moor – Torfmoos – Moorpflanze – doof – Zoo –*
Moorleichen

Seite 69

1

Nomen	Verben	sonstige Wörter
Riesen, Wiesen,	liefen,	sieben, die,
Riesennasen,	niesten,	diesem, sieben,
Riesenniesen,	schliefen,	die
Wieselkinder	riefen	

2

schlafen – ich schlief	laufen – wir liefen
rufen – du riefst	scheinen – sie schien(en)
scheiden – er schied	bleiben – er blieb
reiben – wir rieben	heißen – sie hieß(en)
raten – sie riet(en)	fallen – du fielst
treiben – du triebst	halten – du hieltst
meiden – ich mied	weisen – ich wies

Seite 70

3 *-ieben:* lieben, sieben, trieben, schieben, schrieben, blieben, belieben, stieben
-ieden: schmieden, mieden, sieden, hienieden, geschieden, befrieden
-iegen: siegen, kriegen, Stiegen, biegen, fliegen, gediegen, liegen, schwiegen, versiegen, wiegen
-ielen: spielen, fielen, schielen, erzielen, Dielen, verspielen, Schwielen
-iegeln: spiegeln, besiegeln, aufwiegeln, striegeln, versiegeln, verriegeln

4 *Mief*
Kriege
Schiefer
Vorspiegelung
Stiere
Zier

5

Nomen	Verben	Nomen	Verben
Diktat	diktieren	Korrektur	korrigieren
Adresse	adressieren	Explosion	explodieren
Kontrolle	kontrollieren	Programm	programmieren
Frisur	frisieren	Nummer	nummerieren
Protest	protestieren	Kombination	kombinieren

Seite 71

6 *Kusine, Blondine, Schiffskantine, Vitaminen, Mandarinen, Apfelsinen, Rosinen, Gelatine, Margarine, Rennmaschine, Lawine, Termine, Schiffskabine, Gardinenpredigt*

7 *das Lid*
der Igel
die Mine
der Tiger
der Biber
das Benzin
das Krokodil
das Kaninchen

8 *Leonie füttert **ihre** Katze, verabschiedet sich von **ihrer** Mutter und steigt auf **ihr** Fahrrad. **Ihr** Bruder begleitet sie auf seinem neuen Rennrad, das **ihm** viel bedeutet. Die beiden wollen zu dem kleinen See fahren, der **ihnen** so gut gefällt, und dort **ihre** Freunde treffen. Leonie ist älter als **ihr** Bruder und kann schneller fahren. Sie lässt **ihn** nur überholen, wenn er **ihren** Rucksack trägt. „Dafür esse ich nachher **ihren** Schokoriegel", denkt er sich.*

Seite 72

2 *s*obald, *s*aust, *s*ie, Küchen*s*achen, *s*o, *s*ie, *s*ich, *S*alz, Do*s*en, *S*oßenpulver, *s*o, *s*auer, *S*üßigkeiten, be*s*ucht, be*s*onders, Zu*s*ammensein, *s*üßen, *S*peisen, *s*elbst

3

s	ss	ß
uns, Haus, kleines,	verlassen, besser,	stößt, große, große,
morgens, das, Haus,	Essen, Messern,	Gefäßen,
saust, es, als, das,	Schüsseln, Kesseln,	Soßenpulver,
graust, es,	Tortenguss, bisschen,	Süßigkeiten, genießt,
besonders, das,	Essigflasche,	süßen
liebsten, selbst,	Nussschokolade	
kleines		

Seite 73

4

Häuser → Haus	Felsen → Felsbrocken
Hälse → Hals	blasen → Blaskapelle
Ausweise → Ausweis	böse → Bosheit
Gase → Gas	Rose → Röschen
Greisin → Greis	weise → Weisheit
Kreise → Kreis	Hose → Höschen
Gräser → Gras	Gläser → Glaskugel
diese → dies	Blase → Bläschen
Verliese → Verlies	Mäuse → Mäuschen

5

sausen → sauste	preisen → preist
brausen → brauste	heißen → heißt
grüßen → grüßt	lesen → liest
versüßen → versüßt	dösen → döst
rasen → rast	reisen → reist
grasen → grast	speisen → speist
fließen → fließt	schließen → schließt
schießen → schießt	genießen → genießt

Seite 74

6

Wasser	Ross	Tasse	Ass	Kuss
	Boss	Kasse	Fass	Fluss
		Masse	Bass	Schuss
			nass	Schluss
				Nuss

müssen	Posse	fassen	messen
	Flosse	lassen	essen
		passen	fressen
			pressen

7

ß:	ss:
1. Strauß	1. Wasser
2. Grießpudding	2. Haselnüssen
3. fleißig	3. Klasse
4. Grüße	4. Tasse
5. Schoß	5. gesessen
6. Straße	6. muss
7. Spaß	7. Gassi

Seite 75

8 *passiert – draußen – Terrasse – Spross – sprießen – muss – Guss – gießen – Gießkanne – gleißende – Biss – beißen – Straße – muss – Fluss – fließen – Wasser – Zeitmaß – messen – Genuss – genießen – isst – Wissen – weiß – Schluss – schließen*

9 *Als – aus – Haus – heraus – vorsichtig – rechts – links – Außer – Straße – allerdings – wessen – Es – des – aus – draußen – bis – Politesse – Bislang – grinste – Das – muss – wissen – Bushaltestelle – bis – Bus – aus – ausstieg*

Seite 76

10 a) **waagerecht:**

1. Aergernis
2. Begraebnis
3. Besorgnis
4. Missverstaendnis
5. Zeugnis
6. Karies
7. Tennis
8. plus

senkrecht:

1. gratis
2. Geheimnis
3. Verhaeltnis
4. Kuerbis
5. Atlas
6. Omnibus
7. Finsternis
8. minus

b) **Plural:** Ärgernisse – Begräbnisse – Besorgnisse –
Missverständnisse – Zeugnisse – Geheimnisse –
Verhältnisse – Kürbisse – Atlasse (auch: Atlanten) –
Omnibusse – Finsternisse
keine Pluralbildung möglich: Karies – Tennis – plus –
gratis – minus

Seite 77

11 muss – Russland – besaß – Gans – beißen – Gans – losgehen –
Essen – Prise – Dose – Gans – genießen – Wisst – Preis – lässt –
hießen – Gans – Speise – Schloss – muss – diese – Gans –
Maß – bloß – außer – sechs – Gans – Messer – Gans –
deshalb – Steiß – Gans – Hause – deshalb – weise – Steiß –
Füße – Fuß – Fußstapfen – Schließlich – löste – Gans –
dreißig – groß – verlasst – Kreis – Gans – grinste – großen –
Schüssel – Fass – entließ

Seite 78

12 A Der stimmlose s-Laut in „Essen" (Z. 4) und „Messer" (Z. 14)
wird als **ss** geschrieben, weil der s-Laut hier auf einen kurzen, betonten Vokal folgt. Drei weitere Beispiele aus dem Text
für diese Schreibweise sind: „wisst" (Z. 6), „Schloss" (Z. 9),
„verlasst" (Z. 20).

B „beißen" (Z. 3) wird mit **ß** geschrieben, weil der s-Laut auf
einen Diphthong folgt. („biss" wird mit **ss** geschrieben, weil
der s-Laut auf einen kurzen, betonten Vokal folgt.)

C In „Gans" (Z. 2) wird der stimmlose s-Laut mit **s** geschrieben,
denn bei der Verlängerung des Wortes (= Gänse) ergibt sich
ein stimmhafter s-Laut.

D Das Wort „löste" (Z. 19) wird mit **s** geschrieben, weil der
Infinitiv des Verbs (lösen) einen stimmhaften s-Laut hat.

E In „Fuß" (Z. 18) folgt der stimmlose s-Laut einem langen Vokal und bleibt bei der Verlängerungsprobe („Füße", Z. 18)
stimmlos. Deshalb schreibt man das Wort mit **ß**. Ein
weiteres Wort für diese Regel findet man z. B. in Z. 20: „groß";
Verlängerungsprobe: größer.

F In „verlasst" (Z. 20) und „entließ" (Z. 24) wird der s-Laut
unterschiedlich geschrieben, weil einmal ein kurzer und einmal ein langer Vokal vor dem stimmlosen s-Laut steht.

Seite 79

1

sp	st	sch
Spachtel	staksen	Schilift
Spange	Steppdecke	schlummern
Speicher	Störung	schäumen
Spiegel	statisch	Schlusssatz
Sprühdose	Sternbild	Schafspelz
Sprössling	stöckeln	scheuern
Spirale	stehlen	Schatten

2 Dieter Mucke
Baden

Nackt den heißen Körper kühlen
Schweiß von Leib und Seele **s**pülen
Schwerelos im Wasser **sch**weben
Fi**sch**en **s**tumm die Flosse geben.

Auf Unendlich **s**tellen die Augen
Sich voll blaue Ruhe saugen
Mit den Wolken ein **S**tück treiben
Neugebor'n dem See ent**s**teigen.

Seite 80

1

cks	gs	ks
Knicks – knicken	wenigstens – weniger	links – die Linke
Häcksel – hacken	sonntags – die Sonntage	lenkst – lenken
zwecks – die Zwecke	anfangs – anfangen	Koks – kokeln
Klecks – kleckern	unterwegs – die Wege	
Mucks – mucken	tagsüber – die Tage	

2

Faxen	Mixer
Taxi	Boxer
Nixe	Luxus
Hexe	Lexikon

3 Flachs, Sachse, Gewächs, Wachs
Luchs, Dachs, Fuchs, Ochse

Seite 81

1 / 2 *Arbeit, Arbeit, Arbeit*

Rico hat so viel Arbeit, dass seine Zeit gar nicht ausreicht. Und
sein Zeitproblem wird täglich ein bisschen schlimmer. Kaum hat
er begonnen, sein Zimmer aufzuräumen – es liegen Strümpfe,
Hosen **und** T-Shirts wild durcheinander –, da fällt ihm ein, dass
er sein Fahrrad reparieren muss. Auf dem Boden im Keller liegen
noch Flicken, Schraubenschlüssel, Schrauben **und** dazugehörige
Muttern.
Aber dann lässt er auch das liegen, denn im Fernsehen beginnt
gleich seine Lieblingssendung.
Außerdem möchte er noch in seinem Krimi weiterlesen, eine Zoo-
Collage anfertigen, Trompete üben **und** mit seinem Hund Lupo
spielen. Als ihm dann einfällt, dass er die Fotos von Delfinen,
Eisbären, Affen, Dromedaren **sowie** Seelöwen aus alten Illustrierten, Tageszeitungen **und** Tierkalendern ausschneiden wollte, ist er ratlos.
„Was soll ich zuerst tun: aufräumen, basteln, fernsehen, mit Lupo spielen **oder** was?", fragt er sich. Er sitzt da, stützt den Kopf
in die Hände **und** ist traurig. Zu allem Überfluss fällt Rico noch
ein, dass er nicht weiß, was er später einmal werden soll. Reiseführer, Rettungsflieger, Journalist **oder** DJ?
„Aber das ist ja nicht so eilig", atmet Rico erleichtert auf, schlendert in die Küche, nimmt sich ein Brot **und** öffnet den Kühlschrank. Soll er sein Brot mit Schmierkäse, Leberwurst,
Erdnussbutter **oder** Marmelade bestreichen? Lupo ist mehr für
Wurst.
Schnapp – hat er sie ihm aus der Hand geangelt **oder** vielmehr
geklaut. Rico seufzt. Es ist ein furchtbar schwieriger Tag. Seine
Lieblingssendung hat er inzwischen verpasst. **Weder** ist sein
Zimmer aufgeräumt **noch** sein Fahrrad repariert.
Da klingelt das Telefon: „He, Rico, kommst du zu mir, ich habe
ein neues Computerspiel?", fragt ihn sein bester Freund Lasse.
Erleichterung, Rettung, Erlösung! Rico vergisst das Zimmerauf-
räumen, die Fahrradreparatur, den Krimi, die Trompete, das
Bild. Schon rennt er aus dem Haus.

Seite 82

1 Olaf kennt die Vereinbarung nicht und denkt, es handele ich
bei den vielen Namen um weitere Personen, Berufs- oder Orts-
angaben.

2 Beispiele für Verben aus dem Wortfeld „sagen" sind <u>unterstrichen</u>:

Nachdem sein Vater gegangen war, spielte Olaf eine Weile in seinem Zimmer. Am liebsten baute er alte Schiffsmodelle zusammen. Auf einmal klingelte das Telefon. Schnell rannte Olaf hin. „Hier ist Olaf", <u>meldete sich</u> Olaf laut und deutlich. Am anderen Ende <u>erklang</u> eine tiefe Männerstimme: „Guten Tag, Olaf! Ist dein Vater zu sprechen?" Wahrheitsgetreu <u>antwortete</u> Olaf: „Nein, der ist noch nicht zu Hause." Es entstand eine kurze Pause. „Hm, kannst du ihm etwas ausrichten?", <u>erkundigte sich</u> der Mann. Olaf sah darin kein Problem und <u>meinte</u>: „Ja, was denn?" „Dass ich morgen nicht kommen kann, ich habe die Grippe!", <u>krächzte</u> die Stimme. „Ja, ist gut", <u>bestätigte</u> Olaf. Schniefend und niesend <u>erwähnte</u> der Mann nun: „Übrigens, Dickmann mein Name!" „Wie bitte?", <u>musste</u> Olaf noch einmal <u>nachfragen</u>. „Dickmann – Dora – Ida – Cäsar – Kaufmann – Martha – Anton – zweimal Nordpol. Alles klar?", <u>wollte</u> der Herr endlich <u>wissen</u>. Olaf zögerte. „Ich weiß nicht!?", <u>hauchte</u> er unsicher in den Apparat. „Also, pass auf!", <u>forderte</u> der Mann ihn nun energisch <u>auf</u>. „Du sagst ihm einfach: Dickmann hat angerufen, der ist schwer erkältet und kann morgen nicht kommen. Dann weiß er schon Bescheid." Olaf, etwas eingeschüchtert, <u>flüsterte</u>: „Ist gut."
„Also dann, Wiederhören!", <u>beendete</u> der Herr das Gespräch. Daraufhin <u>wiederholte</u> Olaf höflich: „Wiederhören!", und legte auf.
Wie versprochen kam Olafs Vater abends nach Hause. Olaf wollte sofort seine Nachricht loswerden. Deshalb <u>empfing</u> er ihn direkt an der Tür mit den Worten: „Du, Papa! Da hat vorhin ein dicker Mann angerufen. Der ist Kaufmann und war mit Ida und Cäsar und noch ein paar anderen zweimal am Nordpol, und jetzt ist er schwer erkältet und kann morgen nicht kommen, hat er gesagt."

Seite 85

1 a) **Mögliche Überschrift:**
Der gefährliche Zugweg der Störche in den Süden
b) **Schlüsselwörter:**
Storchenkind – schleswig-holsteinischen Dorf – Bauern – Nisthilfen – Hochspannungsleitungen – Feuchtgebiete – Zugunruhe – Storchengeschwader aus Polen und Russland – starker Rückgang – weniger Feuchtgebiete – Gefahren – Flug übers Rote Meer – keine Aufwinde – Flug über die Wüste – Hunger und Durst – Sudan – braten … Storch – Schießerei der Menschen – südafrikanischen Winterquartier – Frieden – Schäden durch die Heuschrecken – Insektengift
c) **Mögliche unbekannte Wörter:**
Balkan: die Länder Südosteuropas
Geschwader: militärische Bezeichnung für einen Verband von Kampfflugzeugen
Bosporus: Meerenge zwischen dem Mittelmeer und dem Schwarzen Meer (Türkei)
Istanbul: größte Stadt der Türkei
Sinai: Halbinsel im Norden des Roten Meeres (Ägypten)
Luxor: berühmte Tempelruine am Nil
Karnak: in der Nähe von Luxor gelegenes Dorf mit berühmten Tempelruinen
Sudan: ostafrikanisches Land
Uganda: ostafrikanisches Land
Mosambik: ostafrikanisches Land

2 Zugwege der Störche („Oststörche")
Zugwege der „Weststörche": gestrichelt
(zu Aufg. 2 von S. 88)

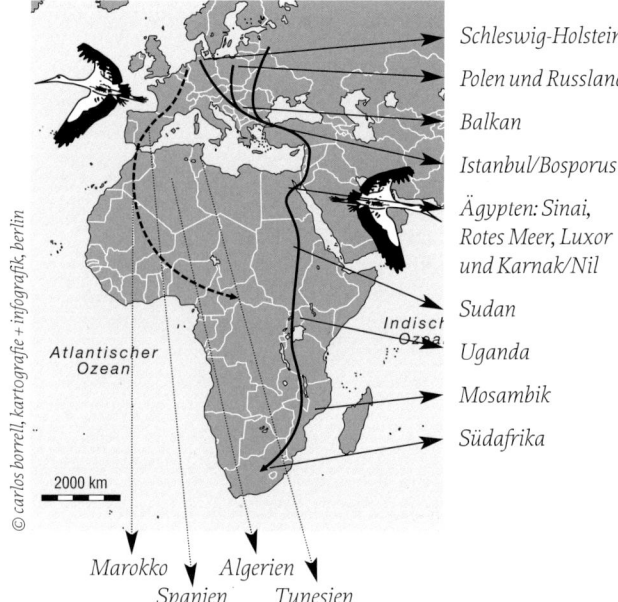

Schleswig-Holstein
Polen und Russland
Balkan
Istanbul/Bosporus
Ägypten: Sinai, Rotes Meer, Luxor und Karnak/Nil
Sudan
Uganda
Mosambik
Südafrika

Marokko Algerien
Spanien Tunesien

© carlos borrell, kartografie + infografik, berlin

3 **mögliche Überschriften:**
Z. 1–7: Die Sorge der Bauern um die Störche
Z. 8–13: Zugunruhe und Zusammentreffen der Störche am Ende des Sommers
Z. 14–17: Rückgang der Störche
Z. 18–20: Flug über das Meer
Z. 21–23: Flug über die Wüste
Z. 24–26: Schießerei auf Störche
Z. 27–33: Gefahren im Winterquartier

Seite 88

1 a) Schwarzstorch
b) Weißstorch
c) Weißstorch
d) Schwarzstorch

2 a) siehe oben (gestrichelte Linien auf der Karte)
b) weil sie weite Strecken über das Meer vermeiden wollen

4

Drohende Gefahren	Ort/Land	Zeilenangabe
Ertrinken	Rotes Meer	18–20
Hunger und Durst	Wüste Afrikas	21
Nahrung der Menschen	Sudan	24–25
Schießerei	Uganda und Mosambik	25–26
Insektengift	Südafrika	30

Seite 89

5 fehlende Nistplätze (→ Nisthilfen werden auf Dächer montiert, Z. 4)
Hochspannungsleitungen (→ werden unter die Erde verlegt, Z. 4/5)
Nahrungsmangel (→ neue Feuchtgebiete werden angelegt, Z. 5)

6	Bildunterschrift	Abbildung	Fragen

Bildunterschrift	Abbildung	Fragen
Zugwege der Störche	Grafik	Wo liegen die Sommerquartiere der Störche? Welche Zugwege nehmen die Störche, um in ihre Sommerquartiere zu gelangen?
Weißstorch und Schwarzstorch	Fotos	Wie sehen der Weißstorch und der Schwarzstorch aus? Warum haben die Störche diese Namen?
Die unterschiedlichen Nistplätze der Störche	Grafiken	Wo und unter welchen Bedingungen nisten die Störche?

Seite 91

1   c) *Information eines Tierschutzvereins mit dem Schwerpunkt „Katzennothilfe"*

2
6 *Pflege und Betreuung der Katzen*	4 *Ziele und Aktivitäten des Vereins*
3 *Eine verwahrloste Katzenzucht*	1 *Vereinsgründung und Mitglieder*
8 *So kann unser Traum wahr werden*	7 *Kosten des Vereins*
2 *Kontakte und Entstehung des Vereins*	5 *Tierschutz ist Umweltschutz*

3   b) *Sie möchten ihren Verein vorstellen und Mitglieder werben.*

4   c) *für die Rückgabe Not leidender Katzen nach der Pflege an die ursprünglichen Besitzer*

5   a) *ja*

6   a) *in privaten Pflegestellen*

7   b) *Der Verein wurde gegründet.*

Seite 92

8   **Wildlinge**

*Leise **schlichen** sie nachts durch Kleingartenanlagen, über Hinterhöfe, Friedhöfe, Lager- und Fabrikgelände, stets auf der Suche nach Futter. Sie **vermehrten** sich in Hinterhöfen, Abbruchhäusern, Gartenlauben, Kellern und auf Dachböden. Manche Tierschützer **nannten** sie „Wildlinge": wild geborene und ohne direkten Menschenkontakt aufgewachsene Katzen (nicht zu verwechseln mit ausgesetzten Hauskatzen!). Sie **lebten** zwar in der von Menschen gestalteten Umgebung, **ließen** sich aber nicht **anfassen** oder gar in die Wohnung **locken.***

9   *eine solche Katze (Akkusativ) – Freiheitsentzug (Nominativ) – „Wildlinge" (Akkusativ) – ausreichendem Auslauf (Dativ) – Krankheiten (Dativ) – überlasteten Tierheimpersonal (Dativ) – ein Mensch (Nominativ)*

10   *wild – wilder – am wildesten*
        gut – besser – am besten

Seite 93

11
Satzglied	Nummer	Satzglied	Nummer
Prädikat	2, 5, 13	adverbiale Bestimmung des Ortes („Wo ...?", „Wohin ...?")	
Subjekt („Wer oder Was ...?")	1, 4, 7, 10	adverbiale Bestimmung der Zeit („Wann ...?", „Wie oft ...?")	6, 8
Dativobjekt („Wem ...?")	9, 12	adverbiale Bestimmung der Art und Weise („Wie ...?")	3
Akkusativobjekt („Wen oder Was ...?")	11, 14	adverbiale Bestimmung des Grundes („Warum ...?")	

12

Sehr geerte Damen und Heren von der Kazzennothilfe
      <u>1</u>   <u>2</u>   <u>3</u>   <u>4</u>
bitte schauen Sie doch einmal bei der Katzenzucht

„KITTY" in der Händelstrase vorbei. Sie anen ja nicht, in
         <u>5</u>   <u>6</u>
welchen Zuständen die tiere dort hausen müßen!
         <u>7</u>   <u>8</u>
Die Katzen sind total verfilzt, abgemagert extrem scheu
                    <u>9</u>
und verängstigt. Sie müssen dort in einem engen Zimer
                           <u>10</u>
auf dem blanken boden schlafen oder sogar in den ver-
          <u>11</u>
schmuzzten Katzenklos.
  <u>12</u>
Ein Kater hatte nur ein Auge und eine Katze auf einer seite
                                     <u>13</u>
kaum noch Fell weil sie eine Krankheit hat. Alle Katzen
           <u>14</u>
sehen ser ungeflegt aus und haben schlechte Zäne.
     <u>15</u>   <u>16</u>
Die Besitzerin weis gar nichts über Alter und Namen der
           <u>17</u>
armen Tiere. Sie müssen dringend komen und die Kat-
                     <u>18</u>
zen aus ihrem Elend Befreien! Am besten schliesen Sie
          <u>19</u>   <u>20</u>
die ganze Zucht!

Marie Bonhof

1) *geehrte (langer Vokal mit h)*
2) *Herren (Doppelkonsonant nach kurzem betontem Vokal)*
3) *Katzennothilfe (tz statt Doppelkonsonant zz)*
4) *Komma nach der Anrede*
5) *Händelstraße (ß: stimmloses s nach langem Vokal)*
6) *ahnen (langer Vokal mit h)*
7) *Tiere (Großschreibung von Nomen)*
8) *müssen (ss nach kurzem Vokal)*
9) *Komma bei Aufzählungen*
10) *Zimmer (Doppelkonsonant nach kurzem betontem Vokal)*
11) *Boden (Großschreibung von Nomen)*
12) *verschmutzten (tz statt Doppelkonsonant zz)*
13) *Seite (Großschreibung von Nomen)*
14) *Komma beim Nebensatz*
15) *sehr (langer Vokal mit h)*
16) *Zähne (langer Vokal mit h)*
17) *weiß (ß: stimmloses s nach Diphthong)*
18) *kommen (Doppelkonsonant nach kurzem betontem Vokal)*
19) *befreien (Kleinschreibung von Verben)*
20) *schließen (ß: stimmloses s nach langem Vokal)*

Seite 94/95

13 *Überarbeite deine Geschichte zunächst, damit du sie leichter be-
werten kannst. Gehe dabei die unten genannten Punkte nachei-
nander durch.
Vielleicht kann dir auch eine Mitschülerin oder ein Mitschüler
bei der Beurteilung helfen.
Notiere dir zu jedem Bereich, den du als gelungen bewertest, die
angegebene Punktzahl.*

□ *Passt die Überschrift zum Thema, ohne zu viel zu verraten?
(1 P.)*
□ *Ist deine Geschichte gegliedert? Markiere durch einen Strich, wo*
  ■ *deine Einleitung aufhört und der Hauptteil beginnt, (1 P.)*
  ■ *der Hauptteil aufhört und der Schluss beginnt. (1 P.)*
□ *Hat deine Geschichte einen Schlusssatz, der sich von den
vorigen Sätzen abhebt? (1 P.)*
□ *Hast du den Mann genau und anschaulich (d. h. mit vielen
Adjektiven) beschrieben?
Aussehen des Mannes, z. B.: klein, dick, ungepflegt (1 P.);
fleckiges Hemd, gestreifte Hose, Hausschuhe (1 P.); faltiges
Gesicht, Bartstoppeln, Halbglatze mit fettigen Strähnen (1 P.);
besonderes Merkmal: Hosenträger (1 P.)*
□ *Unterstreiche mit Blau alle Adjektive in deiner Geschichte. In
jedem Satz sollte mindestens ein Adjektiv vorkommen.
Hast du die Adjektive aus der ersten Teilaufgabe auf S. 94
genutzt?*
  ■ *Umgebung des Mannes, z. B.: dunkle Wohnung, kahle
Wände, graue Tapete, fleckiges Sofa, schmutziger,
staubiger Boden (6 x 0,5 P. je Adjektiv = 3 P.)*
  ■ *Zuhause der Kinder: gemusterte Tapete, gemütliches Sofa,
hellgrüner Teppich, sauberes Fell, warmer Katzenkorb,
frisches Futter (6 x 0,5 P. je Adjektiv = 3 P.)*
□ *Unterstreiche mit Rot, wo du von inneren Vorgängen
erzählst (Gefühle, Gedanken).
Hast du beschrieben, was der Mann empfindet,*
  ■ *als er entdeckt, dass er von den Kindern beobachtet wird?
Mögliche Gefühle: Misstrauen, Sorge, entdeckt worden zu
sein, Ärger über die neugierigen Kinder, Scham (1 P.)*
  ■ *als er bemerkt, dass sie ihn an der Tür abgelenkt haben,
um ihm seine Katze wegzunehmen?
Mögliche Gefühle: Wut, hereingelegt worden zu sein,
Angst vor den Folgen (1 P.)*
Hast du beschrieben, was die Kinder fühlen,
  ■ *als sie die Katze zum ersten Mal sehen?
Mögliche Gefühle: Mitleid mit der Katze; Schreck,
Angst vor dem Mann, Abneigung; Ekel vor dem Schmutz
(1 P.)*
  ■ *als ein Kind an der Haustür mit dem Mann spricht und
die anderen zwei die Katze befreien?
Mögliche Gefühle: Aufregung und Angst, aber vielleicht
auch Zufriedenheit (1 P.)*
  ■ *als sie mit der Katze weglaufen?
Mögliche Gefühle: Angst, aber auch Erleichterung (1 P.)*
□ *Untersuche die wörtliche Rede in deiner Geschichte: Wie oft
kommt jeder der Gesprächspartner zu Wort? Jeder sollte
(außer den Begrüßungsformeln) mindestens zweimal etwas
sagen, denn sonst ist es kein Gespräch: Gespräch an der Haustür (1 P.), Telefonat (1 P.)*
□ *Sind die redebegleitenden Verben abwechslungsreich (nicht
nur „sagen")? (1 P.)*

□ *Hast du auch zu der Situation etwas geschrieben, zu der es
kein Bild gibt (zwischen den letzten beiden Bildern)? Es sollte
deutlich werden, dass die Kinder z. B. jemanden benachrich-
tigt haben, der sich um den Mann kümmert (vielleicht den
Tierschutzverein, die Polizei, Nachbarn). Ist z. B. irgendetwas
geschehen, sodass die Kinder sich vor dem Mann nicht mehr
fürchten müssen? Denn sonst könnten sie die Katze nicht – wie
auf dem letzten Bild zu sehen ist – ohne Sorge behalten. (2 P.)*
□ *Hast du die am Anfang gewählte Tempusform durchgängig
beibehalten? Wenn du sie verändert hast, dann mit Absicht,
z. B. Wechsel vom Präteritum ins Präsens, um die Spannung
zu steigern. (1 P.)*

Punkteverteilung

Nr.	Aufgabenstellung	Punkte
A 1	Thema des Textes	2 Punkte für das richtig gesetzte Kreuz
A 2	Gliederung des Textes	8 Punkte (1 Punkt für die richtig gesetzte Nummer)
A 3	Ziel der Autoren	2 Punkte für das richtig gesetzte Kreuz
A 4	Aufgaben des Vereins	2 Punkte für das richtig gesetzte Kreuz
A 5	Gründungsmitglieder des Vereins	2 Punkte für das richtig gesetzte Kreuz
A 6	Aufnahme von Katzen	2 Punkte für das richtig gesetzte Kreuz
A 7	Wortbedeutung	2 Punkte für das richtig gesetzte Kreuz
B 8	Lückentext: Verben und Tempus	7 Punkte (je 0,5 Punkte für ein passendes Verb und 0,5 Punkte für das richtige Tempus)
B 9	Lückentext: Nomen und Kasus	7 Punkte (je 0,5 Punkte für die richtig gefüllte Lücke und 0,5 Punkte für den richtig gewählten Kasus)
B 10	Steigerung von Adjektiven	4 Punkte (1 Punkt für jede richtige Steigerungsform)
B 11	Satzglieder	7 Punkte (0,5 Punkte für jedes richtig bestimmte Satzglied)
C 12	E-Mail: Rechtschreibung	10 Punkte (0,5 Punkte für jeden entdeckten Fehler)
D 13	Geschichte	25 Punkte (Verteilung: siehe Hinweise oben)
Summe		**80**

Bewertungsschlüssel

80–55 Punkte
Du liegst im guten bis sehr guten Bereich.
*Vielleicht siehst du dir trotzdem noch einmal die Stellen an, an denen du
dich noch verbessern kannst.*

55–30 Punkte
Einiges gelingt dir gut, manches musst du aber noch einmal üben.
*Versuche anhand des Tests Fehlerschwerpunkte zu entdecken, damit du
gezielt wiederholen kannst.*

30–0 Punkte
**Du musst noch vieles wiederholen und noch einmal gründlich
üben.**
*Vielleicht überlegst du auch gemeinsam mit deinem Lehrer oder deiner
Lehrerin, wo besondere Fehlerschwerpunkte liegen und wie du vorge-
hen kannst, um dich zu verbessern.*

P 938725 / 06

Deutschbuch
Arbeitsheft

Neue Ausgabe

220001799

Seite 4

2 Schlüsselwörter: wichtigste Begriffe, Merkmale und Regeln zusammenfassen, übersichtliche Gliederung, DIN-A4-Blatt → DIN-A5-Blatt → DIN-A6-Blatt, Reihenfolge der Informationen sinnvoll, wiederholtes Schreiben, Verringern der Informationen

3 1. Aufgabe: Ich nehme einen grünen Stift und unterstreiche ausschließlich die Argumente der Klassensprecherin.
2. Aufgabe: Ich schreibe auf, welche Argumente mich überzeugen würden, und begründe meine Meinung.

Seite 6

6 1. Beginne die Vorbereitungen eine Woche vorher und lerne jeden Tag einen kleinen Teil.
2. Erstelle einen Wochenplan für deine Vorbereitungen, damit du einen Überblick über den Stand deiner Vorbereitungen bekommst.
3. Lerne am Tag nicht mehr als alles in allem zwei Stunden und lege Pausen in die Lernphasen ein.
4. Schreibe übersichtlich gegliedert einen Stichwortzettel mit den wichtigsten Begriffen, Daten und Regeln und fasse diese Informationen noch einmal zusammen.
5. Bilde kleine Mut-mach-Sätze und sprich dir während der Klassenarbeit Mut zu.
6. Ruhe dich nach guter Vorbereitung einen Tag vor der Klassenarbeit aus und geh früh zu Bett.
7. Lies zu Beginn der Klassenarbeit zuerst die Aufgaben genau durch und frage nach, wenn du sie nicht verstehst.
8. Untersuche zur Nachbereitung der Klassenarbeit deine Fehlerschwerpunkte und verwende eine Fehlerkartei für die Berichtigung.

Seite 7

1 1 Sebastian fährt mit seinen Eltern mit der Bahn in den Sommerferien für drei Wochen in den Schwarzwald, nach Ludershausen. – 2 Von Beginn der Fahrt an muss Sebastian immer wieder an Jana denken. Jana ist seine Schulkameradin, die er sehr mag. – 3 Als Sebastian während der Fahrt zur Zugtoilette geht, sieht er Jana in einem anderen Abteil sitzen. Jana entdeckt Sebastian vor ihrem Abteil, kommt heraus und unterhält sich mit ihm. – 4 Um Jana zu imponieren, erzählt Sebastian ihr, er fahre nach Italien, wo er in einem Film als Ritter mitspiele. Jana erzählt, dass sie in den Schwarzwald fährt, nach Ludershausen. – 5 Sebastian geht zurück in sein Abteil und ärgert sich, dass er Jana angelogen hat. Er überlegt, wie er Jana doch noch die Wahrheit sagen kann. – 6 Sebastian schreibt Jana einen Brief und erklärt ihr alles. Eine Schaffnerin bringt den Brief für Sebastian zu Jana. – 7 Die Schaffnerin kommt zurück und gibt Sebastian einen Kuss von Jana. Auf die verwunderte Nachfrage seiner Eltern antwortet Sebastian verschlüsselt.

Einleitung: Nr. 1–2; Hauptteil: Nr. 3–6 ; Schluss: Nr. 7

2 Dadurch, dass Sebastian seine Fantasiegeschichte von einer Filmrolle in Italien erzählt hat, hat er sich möglicherweise eine schöne gemeinsame Zeit mit Jana im Urlaubsort verbaut.

Seite 8

3 Die Erzählweise ist gleich von Anfang an humorvoll und witzig: Z. 1, 2–3
Es wird eine falsche Fährte gelegt: –
Durch wörtliche Rede ist der Erzählanfang lebendig gestaltet: Z. 1–5; Z. 13–17
Durch die Wortwahl wird eine spannende, geheimnisvolle Atmosphäre erzeugt: –
Es wird von einer harmlosen Situation erzählt, die auf einmal gefährlich erscheint: –
Durch Andeutungen wird die Neugierde auf eine weitere Person und Sebastians Verhältnis zu ihr gelenkt: Z. 12, Z. 25 f., Z. 27
Ausdrucksstarke Verben und Adjektive und bildliche Ausdrücke helfen schon in der Einleitung, sich in die Situation hineinzuversetzen: Z. 1 (wahnsinnig), Z. 5 (ächze), Z. 8 (gefüttert), Z. 9 (Vergleich: Reise zum Mond), Z. 17 (gähnend), Z. 20 (nervt), Z. 22 (endlosen)

Seite 9

5 Als Leser oder Leserin möchte man gern mehr über Sebastians Gedanken und Gefühle erfahren, als er Jana plötzlich im Zug entdeckt; als Jana ihm erzählt, dass sie auch nach Ludershausen reist; als er ihr den Brief schreibt; als er auf eine Reaktion von Jana wartet; als die Schaffnerin ihm Janas „Botschaft" überbringt.

6 Sebastian beschreibt, wie viele Gedanken er sich um Jana macht und wie genau er sie beobachtet (Z. 1–5); dass er gerne mit ihr zusammen ist (Z. 7 f.); welche körperlichen Reaktionen er entwickelt, wenn sie ihn anlächelt (Metapher/bildliche Umschreibung: Z. 8–13).

Seite 11

1 1 Einleitung: Auslöser des Geschehens
2 Einleitung/Hauptteil: Aufbau der Spannung
3 Hauptteil: Steigerung der Spannung
4 Hauptteil: Spannungshöhepunkt
5 Hauptteil/Schluss: Auflösung der Spannung
6 Schluss: glückliches Ende

Seite 12

1 blau (Bericht) = <u>unterstrichen</u>; rot (Erzählung) = **fett**.

Gestern, am 16. April, kurz nach Schulschluss beobachtete ich Folgendes: Zwei Jungen aus unserer Schule passten einen kleineren Jungen am Fahrradständer ab und drängten ihn ins Gebüsch. **Ich war total erschrocken, weil ich zufällig direkt daneben stand und erst dachte, dass sie etwas von mir wollten.** *Ich hörte, wie der Junge aus der 6. Klasse sagte: „Lasst mich in Ruhe!" Er versuchte auch, sich zu befreien, aber die beiden packten ihn einfach etwas fester. Dann holte einer der beiden Älteren ein Messer aus der Tasche und fuchtelte damit herum.* **Mir stockte der Atem, als ich das sah: ein Messer! Was würden sie dem kleinen Jungen tun? Sollte ich eingreifen? Aber gegen die zwei großen Jungs konnte ich ja auch nichts ausrichten. Außerdem war ich wie gelähmt vor Schreck und blieb wie versteinert hinter dem Pfosten stehen.** *Die beiden Angreifer hatten es anscheinend auf die neuen Turnschuhe des Kleinen abgesehen. Was sie ihm sagten, war nicht zu verstehen, aber er zog schließlich zögernd seine Schuhe aus. Dann wurde der Junge aus dem Gebüsch geschubst und die beiden anderen verschwanden. Der Junge hatte keine Schuhe mehr an und setzte sich weinend auf sein Fahrrad.* **Ich stand unter Schock. Erst, als der Junge schon nicht mehr zu sehen war, dachte ich daran, dass ich ihn ja wenigstens hätte trösten können.**

Seite 13

2 a) **Wer war beteiligt?** Zwei ältere Jungen und ein kleinerer Junge aus der sechsten Klassenstufe.
Was geschah? Die älteren Jungen bedrohten den kleineren mit einem Messer.
Wann geschah es? Am 16. April, um 13.10 Uhr.
Wo geschah es? Bei den Fahrradständern am Schulgebäude.
Wie geschah es? Die älteren Jungen zogen den kleineren ins Gebüsch und hielten ihm das Messer vor das Gesicht.
Warum geschah es? Sie wollten die teuren Turnschuhe des kleineren Jungen haben.
Welche Folgen hatte das Geschehen? Der Junge gab ihnen seine Turnschuhe. Er weinte.

Seite 14

3 „Habt ihr gemerkt, dass <u>Miriam jetzt schon den dritten Tag fehlt</u>? Die ist doch sonst nie krank."
„Na ja, nach der Woche wundert mich das nicht so sehr."
„Meinst du wegen <u>der Hose</u>? Hat sie das immer noch nicht vergessen? Das ist doch jetzt schon fast zwei Wochen her."
„Das war doch an dem Dienstag, als wir die <u>Mathearbeit geschrieben haben</u>."
„Miriam hat da aber total wütend reagiert und <u>Johannas Füller auf den Boden geknallt</u>. Ich glaube, der ist dabei sogar <u>kaputtgegangen</u>. Mir ist jedenfalls aufgefallen, dass <u>Johanna seither mit dem tollen Füller von Miriam schreibt</u>."
„Klar, <u>den hat sie sich doch direkt danach aus dem Mäppchen von Miriam geholt und nicht wieder zurückgegeben</u>. Womit schreibt denn eigentlich Miriam jetzt?"
„Aber angefangen hat doch alles <u>damit, dass Miriam mit der neuen Hose in die Klasse kam</u> und <u>Johanna laut fragte, aus welcher Altkleidersammlung sie die denn gefischt habe</u>. Und

fast alle aus der Klasse haben darüber gelacht, ich, ehrlich gesagt, anfangs auch."
„Die Hose sah ja auch echt ziemlich blöd aus, oder? Aber die hat sie seit dem Dienstag ja gar nicht mehr angehabt. Trotzdem habe ich mitbekommen, dass <u>Johanna und ihre Freundinnen ‚Lumpenhose' sagen, wenn sie an Miriam vorbeikommen</u>. Ich denke, die sind so gemein zu der, weil sie halt gut ist in fast allen Fächern."
„Kann sein. <u>Die letzten Tage haben sie auch immer angefangen zu lachen, wenn Miriam sich meldet</u>. Ich kann mir auch kaum vorstellen, dass das noch etwas mit dem Füller zu tun hat."

Seite 15

4 Vor fast zwei Wochen wurde eine Klassenarbeit geschrieben.
An diesem Dienstag kam Miriam mit einer neuen Hose in die Klasse.
Sofort fragte Johanna, aus welcher Altkleidersammlung Miriam die Hose habe.
Anfangs haben fast alle gelacht.
Daraufhin reagierte Miriam sehr wütend.
Sofort nahm sie Johannas Füller und warf ihn auf den Boden.
In diesem Moment ging der Füller kaputt.
Daraufhin nahm Johanna Miriams Füller.
Seitdem schreibt sie damit.
Seit dem Dienstag hat Miriam die Hose nicht mehr getragen, aber Johanna und ihre Freunde sagen „Lumpenhose" zu ihr.
In den letzten Tagen haben sie angefangen zu lachen, wenn Miriam sich meldet.
Seit drei Tagen fehlt Miriam.

5 verlassen hatte – hatte beschimpft – zurückgekommen war

Seite 16

6 a) ☐ **Sachlichkeit:** fehlt – viele persönliche Kommentare – „Ich finde es ganz toll"; „... hat mich total beeindruckt"; „Das ist doch eigentlich genial ..."
☐ **Reihenfolge:** Informationen sind ungeordnet, einige Details (z. B. zur „Freiwilligkeit") überflüssig.
☐ **Genauigkeit:** Der Bericht soll in der Schülerzeitung erscheinen. Mit Blick auf die Adressaten sind genauere Angaben wünschenswert: Ausbildung der Streitschlichter? Welche Regeln wurden vereinbart? Wie wird die Vereinbarung festgehalten?
☐ **Tempus:** nicht durchgängig Präteritum und Plusquamperfekt.

b) **Streitschlichter sind toll**

<u>Ich finde es persönlich ganz toll</u>, dass es an manchen Schulen Schlichter gibt. Hannes und ich haben nämlich ziemlichen Streit mit Alwin gehabt. Das geht schon eine Weile so. Letzten Donnerstag, am 6. Januar 2005, hatten wir ein Gespräch bei den Streitschlichtern unserer Schule. Die <u>wissen</u>, was sie tun müssen, wenn jemand Zoff hat und sie dann helfen sollen. Wir <u>sind</u> in den Schlichtungsraum <u>gegangen</u>, da <u>sitzen</u> in jeder großen Pause ausgebildete Streitschlichter und <u>warten</u>, ob jemand ihre Hilfe braucht. <u>Mich hat es total beeindruckt</u>, dass sie das <u>so ganz freiwillig machen</u>. Als wir dann kamen,

nicht sachlich, persönliche Information, ungeordnete Darstellung

Tempusfehler

unsachlich, überflüssiges Detail

am Donnerstag in der großen Pause,
haben sie ein Gespräch mit uns geführt.   *nicht genau*
Zuerst haben sie uns <u>die Regeln</u> *erklärt:*   *genug in der*
Wir mussten ruhig bleiben und dem   *Darstellung*
anderen gut zuhören. Dann haben wir
gemeinsam nach einer Lösung gesucht.
<u>*Stellt euch vor:*</u> *Sie konnten eine Lösung*   *direkte*
mit uns finden, mit der alle drei   *Ansprache*
Streithähne zufrieden waren. Das ist
doch eigentlich genial, da es so keinen   *unsachlich*
Verlierer gibt.

7   *So könnte dein Bericht aussehen:*
Ein Fall für den Streitschlichter
Am 6. 1. 2005 besuchten wir, Hannes, Alwin und ich, Schüler
der Klasse 6d, die Streitschlichter der Schule. Wir hatten
Streit miteinander gehabt und wollten den Konflikt nun lösen.
Wir gingen in der großen Pause in den Schlichtungsraum, wo
ausgebildete Streitschlichter warteten. Diese Streitschlichter
haben die Aufgabe, in Streitfällen zwischen Schülern zu
vermitteln. Zuerst erklärten sie uns die Regeln: Jeder muss
dem anderen zuhören, ihn ausreden lassen und sachlich
bleiben. Wir alle mussten dem Verfahren zustimmen. Die
Streitschlichter erklärten uns, dass sie selbst unparteiisch seien
und uns helfen wollten, unseren Konflikt selbst zu lösen. Wir
sprachen dann offen über das, worüber wir uns gestritten
hatten. Wir suchten nach einer Lösung, mit der alle einver-
standen waren. Als wir diese gefunden hatten, schrieben wir
sie in einen Vertrag, den alle unterschreiben mussten. Am
Schluss waren alle drei Streithähne zufrieden, es gab keine
Verlierer!

Seite 17 und 18

1 / **2**	*zu 1*	*zu 2*
Gegenstand	*Schultasche, Marke „MAXI"*	*gut erhalten, robust, schön, formstabil, bekannte Marke, hochwertig*
Material	*100% Polyester*	*wasserabweisend, regendicht*
Maße, Volumen, Gewicht	*31 x 36 x 18 cm; ca. 19 Liter, leer 1260 g*	*geräumig, ultraleicht*
Farbe und Gestaltung	*blaue Farbe, mit Abbildungen von Delfinen, die im Meer schwimmen*	*bunt, schön*
Fächer/ Aufteilung	*zwei Hauptfächer für DIN-A4-Hefte und Akten sowie Vor-tasche*	*geräumig*

	zu 1	*zu 2*
Besonder-heiten	*Schulterriemen, Trage-griff aus Kunststoff*	*bequem, gepolstert*
	ergonomische Form, passt sich dem Rücken an	*ergonomisch, angenehm zu tragen, bequem, s-förmig*
	höhenverstellbares Schloss mit Blinklicht, reflektierendes Gewebeband	*gut sichtbar, automatisch leuchtend wasserundurchlässig*
Set-Bestand-teile	*6 Teile: Schultasche, Schulmäppchen mit Inhalt, Sportbeutel, Brotbox, Trinkflasche und Brustbeutel*	*vielseitig, viele*
Neupreis	*ca. 109 Euro*	*günstig*

3   a) **Reihenfolge der Adjektive und Partizipien:** *dreiteilige – spezielle – optimalen – wachsenden – großen – metallene – praktische – reflektierenden – wasserabweisende – wasserundurchlässige – geringe*

    b) **Lösungsvorschlag:**
    Schulranzen – SET der Marke „Ultraleicht 2005".
    Nagelneu!! Kostet nur 109,– Euro. Das 6-teilige Set ist mit
    1260 g Leergewicht ultraleicht und von Orthopäden
    empfohlen. Es besteht aus ergonomisch geformtem Ranzen,
    Schulmäppchen mit Inhalt, Sportbeutel, Brotbox,
    Trinkflasche und Brustbeutel. Der Ranzen mit lustigem
    Design ist formstabil, regendicht und sehr robust. Viele
    Reflektoren bieten eine gute Sichtbarkeit im Straßenver-
    kehr mit automatischem Blinklicht (beginnt bei Dunkelheit
    und Bewegung automatisch zu blinken. Batterien sind
    nicht im Set enthalten). Tragegriff, Rückenpolster und
    Schulterriemen sind ergonomisch gestaltet.

Seite 19

1   *sehr groß; sehr schön und würdevoll; ganz in Weiß; Haar ... wie dunkles Gold; Tiefe ihrer Augen, die scharf blickten ... und unergründlich waren*

2 / **3**   **Name, Alter:** *Galadriel, ohne Zeichen eines Alters, aber jugendliches Aussehen*
    Aussehen (Körpergröße, -form und -haltung): *groß, würdevoll*
    Gesicht: *oval, länglich, schmal*
    Augen und Augenausdruck: *scharf blickend, unergründliche Augen: ausdrucksstark, schön, geheimnisvoll, mandelförmig*
    Haare: *wie dunkles Gold (lang, blond, gelockt, glänzend, gescheitelt*
    Weiteres: *hohe Stirn, geschwungene Augenbrauen, blasse Wangen, ernster Ausdruck, volle Lippen, helle Haut*
    Kleidung: *ganz in Weiß, wallend, edel*
    Besondere Eigenart: *ernstes, würdevolles Auftreten*

4 *So könnte die Beschreibung an deinen Freund oder deine Freundin lauten:*
Die Elbenkönigin Galadriel ist eine sehr schöne und würdevolle Frau. Sie wirkt jugendlich, aber man kann ihr Alter nicht schätzen. Galadriel ist sehr groß. Aus ihrem ovalen Gesicht blicken dich mandelförmige Augen unergründlich an. Schön und geheimnisvoll erscheint Galadriel auch durch langes, goldblondes Haar, das ihren Körper umspielt. Das weiße, wallende Gewand der Elbin lässt sie noch ernster und würdevoller erscheinen. Galadriel ist eine beeindruckende Königin der Elben.

Seite 20

5 *fremdländisch und wetterfest aussehenden Menschen; schummrigen Licht; eigenartig geschnitzte Pfeife; gut sitzenden Schaftstiefeln aus weichem Leder; reinlichen Mantel aus dickem dunkelgrünem Tuch; dunkles, graussträhniges Zottelhaar; blanke graue Augen; bleichen, strengen Gesicht*

6 *Aragorn: hohe Stirn, durchdringende Augen, schmale Nase, dunkler Bart, lange strähnige Haare, ernstes Gesicht, zusammengepresste Lippen, entschlossener Gesichtsausdruck, dunkelbrauner Umhang mit Kapuze, schlanke Gestalt, muskulöser, athletischer Körperbau*

Seite 21

1 *a) 4, 2, 1, 3*
b)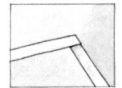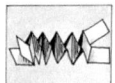

2 *a) Die unpersönliche Ansprache.*
b) Schneide zuerst ...; Lege den einen Streifen ...; Biege den ...; Falte in der gleichen Weise ... oder
Du schneidest zuerst ...; Du legst ...; Du biegst den einen Streifen ...; Du faltest in der gleichen Weise ...

Seite 22

3 *braucht, erreichen, zugeschnitten, messen, ergibt sich, aufmalen, bestehen aus, gebogen, angeklebt, abgeschnitten*

4 *a) Vorschläge für Verben: ausschneiden, falzen, umbiegen, hochklappen, drücken, falten, aufmalen, ankleben*
b) und c) Beispiel:
Du schneidest ein Blatt in der Größe von 12 cm mal 10 cm aus.
Das Blatt musst du genau in der Mitte der langen Seite einmal auf die Hälfte falzen.
Lege den gefalteten Bogen mit der geöffneten Seite vor dich und biege die beiden oberen Ecken rechts und links mit je einem Viertel der Seite zur Mitte hin um.
Anschließend klappst du jeden Rand der offenen Seite ca. 0,5 cm nach außen hoch.
Wenn du nun das Blatt hochnimmst, kannst du die beiden äußeren Ecken des Falzes in die Mitte zwischen Daumen und Zeigefinger nehmen und sanft auf die Ecken drücken: Der Schnappschnabel biegt sich auseinander.
Falte die hochgebogenen Kanten so, dass sie wie Lippen wirken.
Zum Schluss malst du Augen auf und klebst den Schnappschnabel an die Eidechse. Fertig!

1 ***Verben:*** *konnte ... lügen, tat ... kund, sehen ... aus, bedauerte, meinte, singt, einlud, konnte ... vorkommen, stöhnte, hatte, schmeckt, äußerte, haben, sind (dumm), kann ... sich vorstellen, (begeistert) waren, hört, annehmen muss, geschmeichelt ist, fürchteten, gingen, abgesehen, war, hatte, war, trug, stand*
Nomen: *Frau Ehrlich, Wahrheit, Beispiel, Nachbarin, Kanarienvogel, Lust, Besuch, Kaffee, Bürgermeister, Kinder, Leute, Frau Ehrlich, Kompliment, Weg, Ehrlichkeit, Frau Ehrlich, Frau, Gesicht, Kleidung*
Artikel: *die, der, dem, die, ein, dem, eine, ein*
Pronomen: *sie, Sie, sie, ihre, Ihr, jemand, sie, es, sie, ich, keine, diesem, mir, Ihnen, sie, Sie, sie, man, sich, wer, er, es, einige, sie, ihr, ihrer, sie, die, ihr*

2 *sofort (Adv.), auf (Präp.) große (Adj.), immer (Adv.), wieder (Adv.), glatt (Adv.), förmlich (Adv.), unsportlich (Adj.), besten (Adj.) aus (Präp.)*

Seite 24

3 *Adrian Schüchtern stand abends in seinem Zimmer vor dem Spiegel, sah sich an <u>und</u> war traurig. Zur selben Zeit betrachtete sich Frau Ehrlich kritisch im Spiegel. Ich sehe eigentlich ganz gut aus, <u>aber</u> vielleicht sollte ich mal wieder shoppen gehen <u>oder</u> zum Friseur, dachte sie. <u>Und</u> dann dachte sie an Herrn Schüchtern <u>und</u> seufzte.*
Vermutlich wäre das alles immer so weitergegangen <u>oder</u> sie hätten sich aus den Augen verloren. <u>Aber</u> eines Tages krachte es.

4 *Frau Ehrlich verließ den Supermarkt mit einem voll beladenen Einkaufskorb, <u>nachdem</u> sie dem Verkäufer noch schnell gesagt hatte, <u>dass</u> der Kragen seines Kittels schmutzig sei. Sie bog mit einem Karton Eier in der Hand, <u>weil</u> diese nicht mehr in den Korb gepasst hatten, um die Ecke, <u>als</u> Herr Schüchtern – bums – in sie hineinlief, <u>sodass</u> alle Eier zerbrachen. Frau Ehrlich meinte schroff: „Sie sind ein sehr ungeschickter Mensch!" „Ja", gab Herr Schüchtern zu. Er versuchte sie anzustrahlen, <u>obwohl</u> er am liebsten im Boden versunken wäre. <u>Obgleich</u> er fürchtete, <u>dass</u> er nun herbe Kritik zu hören bekommen würde, schaute er sie erwartungsvoll an. „Aber sonst", fuhr Frau Ehrlich fort, sie wurde dabei etwas rot im Gesicht, „gefallen Sie mir sehr, <u>weil</u> Sie so schöne blaue Augen haben." Als Herr Schüchtern <u>das</u> hörte, fragte er sicherheitshalber: „Ist <u>das</u> wahr?"*

5 *Und **weil** ihm gleich einfiel, **dass** Frau Ehrlich ja nie und nimmer lügen konnte, wartete er die Antwort nicht ab. Er nahm sie bei der Hand **und** ging mit ihr davon. Die kaputten Eier tropften eine gelbe Spur hinter ihnen her, **sodass** es aussah, **als** habe jemand Butterblumen gestreut. „Allerdings", sagte Frau Ehrlich, **nachdem** sie ein Stück weit gegangen waren, „tragen Sie einen außerordentlich schlecht sitzenden Anzug." **Aber** da drückte Herr Schüchtern – nun gar nicht mehr schüchtern – ihre Hand noch fester **und** lachte.*

Seite 25

1 a) <u>Kannst</u> du das Rätsel lösen? können

„Drei Brüder <u>wohnen</u> in einem Haus, wohnen
die <u>sehen</u> wahrhaftig verschieden <u>aus</u>, aussehen
doch <u>willst</u> du sie unterscheiden, wollen
<u>gleicht</u> jeder den anderen beiden. gleichen
Der Erste <u>ist</u> nicht da, er <u>kommt</u> erst sein, kommen
nach Haus.
Der Zweite <u>ist</u> nicht da, er <u>ging</u> schon sein,
hinaus.
Nur der Dritte <u>ist</u> da, der Kleinste sein
der drei,
denn ohne ihn <u>gäb's</u> nicht die anderen geben
zwei.
Und doch <u>gibt's</u> den Dritten, um den geben
es sich <u>handelt</u>, (sich) handeln
nur weil sich der Erste in den Zweiten
<u>verwandelt</u>. (sich) verwan-
  deln
Denn <u>willst</u> du ihn anschaun, so <u>siehst</u> wollen, sehen
du nur wieder
immer einen der anderen Brüder!
Nun <u>sage</u> mir: <u>Sind</u> die drei vielleicht sagen, sein
einer?
Oder <u>sind</u> es nur zwei? Oder <u>ist</u> es gar – sein, sein
keiner?
Und <u>kannst</u> du, mein Kind, ihre Namen können
mir nennen,
so **wirst** du drei mächtige Herrscher (Futur)
erkennen.
Sie <u>regieren</u> gemeinsam ein großes regieren
Reich –
und <u>sind</u> es auch selbst! Darin <u>sind</u> sie sein, sein
gleich."
Lösung des Rätsels:
Gegenwart, Vergangenheit, Zukunft = die Zeit

b) wirst ... erkennen

Seite 26

2 Präsens = gestrichelt
Präteritum = unterstrichen
Perfekt = gepunktet
Plusquamperfekt = **fett**
Futur = gezackt

Am späten Nachmittag <u>schritt</u> der Kurfürst in Schloss
Benrath durch die Empfangshalle und <u>begegnete</u> einem
Handwerker, der auf einer hohen Leiter <u>stand</u> und sich
<u>bemühte</u>, an eine wertvolle Wanduhr heranzureichen. Die
Leiter aber <u>rutschte</u> auf dem spiegelglatten Parkettboden
immer <u>weg</u>. Der Handwerker <u>stürzte</u> beinahe in die Tiefe. Der
Kurfürst <u>sprach</u> ihn freundlich <u>an</u>: „Was machen Sie da?"
Daraufhin <u>antwortete</u> jener: „Ich bin der Hofuhrmacher. Man
hat mir die Reparatur der Uhr befohlen. Nun will ich sie
abnehmen, aber die Leiter hält nicht recht."
„So steigen Sie nur <u>hinauf</u>, ich werde die Leiter halten", <u>bot</u> da
der Kurfürst <u>an</u>. Schnell **hatte** der Handwerker die Wanduhr
abgenommen, <u>nahm</u> sie unter den Arm und <u>stieg</u> die Leiter
<u>hinunter</u>. Dann <u>verneigte</u> er sich, <u>bedankte</u> sich artig und <u>ging</u>
zügigen Schritts von dannen. Der Kurfürst <u>freute</u> sich, dass er
jemandem **geholfen hatte**.

Am anderen Morgen erhielt er die schriftliche Nachricht, dass
die Wanduhr aus dem Empfangssaal **verschwunden war**.
Dem Kurfürst <u>ging</u> ein Licht <u>auf</u>: Er **hatte** nicht dem
Hofuhrmacher, sondern einem Dieb die Leiter **gehalten**.
Dieser Mensch **war** recht dreist **gewesen**. An den Rand des
Schriftstückes <u>machte</u> er die Notiz: „Zu den Akten!" Denn
schließlich **hatte** er ja selbst die Leiter **gehalten** und sich –
wenn auch unfreiwillig – zum Komplizen **gemacht**.

3

Infinitiv	Präsens	Präteritum
schreiten	er schreitet	schritt
begegnen	er begegnet	begegnete
stehen	er steht	stand
(sich) bemühen	er bemüht sich	bemühte sich
wegrutschen	sie rutscht weg	rutschte weg
stürzen	er stürzt	stürzte
ansprechen	er spricht an	sprach an
machen	er macht	machte
antworten	er antwortet	antwortete
sein	er ist	war
befehlen	er befiehlt	befahl
wollen	er will	wollte
halten	er hält	hielt
hinaufsteigen	er steigt hinauf	stieg hinauf
anbieten	er bietet an	bot an
abnehmen	er nimmt ab	nahm ab
nehmen	er nimmt	nahm
hinuntersteigen	er steigt hinunter	stieg hinunter
(sich) verneigen	er verneigt sich	verneigte sich
(sich) bedanken	er bedankt sich	bedankte sich
gehen	er geht	ging
(sich) freuen	er freut sich	freute sich
helfen	er hilft	half
erhalten	er erhält	erhielt
verschwinden	er verschwindet	verschwand
aufgehen	es geht auf	ging auf

Perfekt	Plusquamperfekt	Futur
ist geschritten	war geschritten	wird schreiten
ist begegnet	war begegnet	wird begegnen
hat gestanden	hatte gestanden	wird stehen
hat sich bemüht	hatte sich bemüht	wird sich bemühen
ist weggerutscht	war weggerutscht	wird wegrutschen
ist gestürzt	war gestürzt	wird stürzen
hat angesprochen	hatte angesprochen	wird ansprechen
hat gemacht	hatte gemacht	wird machen
hat geantwortet	hatte geantwortet	wird antworten
ist gewesen	war gewesen	wird sein
hat befohlen	hatte befohlen	wird befehlen
hat gewollt	hatte gewollt	wird wollen
hat gehalten	hatte gehalten	wird halten
ist hinaufgestiegen	war hinaufgestiegen	wird hinaufsteigen
hat angeboten	hatte angeboten	wird anbieten
hat abgenommen	hatte abgenommen	wird abnehmen
hat genommen	hatte genommen	wird nehmen
ist hinunter-gestiegen	war hinunter-gestiegen	wird hinunter-steigen
hat sich verneigt	hatte sich verneigt	wird sich verneigen
hat sich bedankt	hatte sich bedankt	wird sich bedanken
ist gegangen	war gegangen	wird gehen
hat sich gefreut	hatte sich gefreut	wird sich freuen
hat geholfen	hatte geholfen	wird helfen
hat erhalten	hatte erhalten	wird erhalten
ist verschwunden	war verschwunden	wird verschwinden
ist aufgegangen	war aufgegangen	wird aufgehen

Seite 28

2 **Beispiele:** Handtasche, Gepäcktasche, Ledertasche, Schultasche, Sporttasche, Reisetasche, Einkaufstasche, Geldtasche, Hosentasche, Brieftasche, Aktentasche, Manteltasche, Werkzeugtasche

4 … ist der Finger, an dem man einen <u>Ring</u> trägt.
… ist ein Hund, der mit den Menschen im <u>Haus</u> lebt.
… ist ein Haus, in dem <u>Hunde</u> wohnen.
… ist eine Rose, die als <u>Hecke</u> wächst.
… ist eine Hecke aus <u>Rosen</u>.

Seite 29

1 a) Unglück, Unfall, Unwetter, Unrat, Ungehorsam
b) Das Präfix **„un-"** verkehrt die Bedeutung eines Wortes ins Gegenteil.

2 **Glück:** Nomen: Unglück, Beglückung
Adjektive: glücklich, unglücklich, glückhaft
Verben: glücken, missglücken, beglücken, verunglücken

Fall: Nomen: Unfall, Befall, Verfall, Zerfall, Fälligkeit
Adjektive: gefällig
Verben: befallen, gefallen, zerfallen, verfallen, missfallen, entfallen

Rat: Nomen: Unrat, Beratung, Berater, Verrat, Rater
Adjektive: ratsam, missraten
Verben: raten, erraten, beraten, verraten, missraten, geraten

Seite 30

3 Beispiele: sicher + heit = Sicherheit, fest + igkeit = Festigkeit, leicht + igkeit = Leichtigkeit, klug + heit = Klugheit, reich + tum = Reichtum, klein + igkeit = Kleinigkeit

4 Beispiele: stell(en) + ung = Stellung, bild(en) + ung = Bildung, verdamm(en) + nis = Verdammnis,
erb(en) + schaft = Erbschaft, irr(en) + tum = Irrtum, schalt(en) + ung = Schaltung

5 kindisches Spiel, drehbare Brücke, mutiger Mann, wachsame Hündin, freudige Überraschung, freundlicher Empfang, neidische Blicke, sparsame Menschen

Seite 31

1 **Nomen:** Stehlampe, Missverständnis, Standpunkt, Handstand, Frühaufsteher
Adjektive: standhaft, anständig, umständlich, verständnisvoll
Verben: stehen, entstehen, bestehen, verstehen

2 **les:**
Nomen, z. B.: Leserin, Leserbrief, Vorlesung, Lesbarkeit, Leseabend, Lesebrille
Adjektive, z. B.: leserlich, unleserlich, lesbar, lesenswert, erlesen
Verben, z. B.: vorlesen, verlesen, ablesen, überlesen

bild:
Nomen, z. B.: Bildung, Ausbildung, Spiegelbild, Bilderrahmen, Bilderbuch, Gebilde, Bildhauer, Vorbild, Abbild
Adjektive, z. B.: bildhaft, bildlich, bildsam, un-/miss-/gebildet, vorbildlich
Verben, z. B.: einbilden, ausbilden, umbilden, abbilden, bebildern

3 Frieden, Friedhof, friedlich
Freundin, unfreundlich, befreunden
Freude, freuen, erfreulich
Frost, frostig, frieren

Seite 32

1 a) antworten, erwidern
b) fragen, wissen wollen, sich erkundigen
c) ermahnen, schimpfen, verlangen, befehlen
d) betonen, erklären, fordern, unterstreichen, wiederholen
e) heulen, jammern, weinen, schluchzen
f) schwören, versichern, versprechen

2 a) „Ja, sag mal, …?", **schimpfte** Frau Tufte. „…", **erwiderte** ihr Sohn Tom. Er hatte **versprochen**, … „…!", **klagte** Frau Tufte. „…?", **fragte** sie. Tom **antwortete** darauf nichts. **„Erkläre** es mir!", **forderte** seine Mutter streng. „…?", **wollte** er **wissen** …

3 gehen, z. B.: laufen, rennen, eilen, joggen, schlendern, spazieren, wandern
schlagartig, z. B.: abrupt, auf einmal, plötzlich, unerwartet, überraschend
essen, z. B.: einverleiben, futtern, schlemmen, vertilgen, verzehren, zu sich nehmen
klug, z. B.: gescheit, intelligent, listig, scharfsinnig, schlau, clever
lügen, z. B.: flunkern, verkohlen, schwindeln, vortäuschen, bluffen, anschmieren

Seite 33

1 Die Folter wurde im 18. Jahrhundert abgeschafft.
Abgeschafft wurde die Folter im 18. Jahrhundert.

Geständnisse wollten Justiz und Polizei nicht mehr erzwingen.
Nicht mehr erzwingen wollten Justiz und Polizei Geständnisse.

Sie zogen Indizien und Beweise zur Überführung des Täters heran.
Indizien und Beweise zogen sie zur Überführung des Täters heran.

Man wollte dem Schuldigen einen gerechten Prozess machen.
Einen gerechten Prozess wollte man dem Schuldigen machen.

Auf ein mildes Urteil hofften die meisten Täter.

2 hat interessiert – interessieren, wollte kennen lernen – kennen lernen wollen, wendeten (sich) zu – (sich) zuwenden, schrieb – schreiben

Seite 34

3 a) *erzählt*
 beruhen (auf etwas)
 begleitet
 wurde ... erteilt
 forscht (nach etwas)

b) *Subjekt: (Wer oder was erzählt die Vorgeschichte?) eine*
   Kriminalgeschichte
 Akkusativobjekt: (Wen oder was erzählen viele Kriminal-
   geschichten?) die Vorgeschichte eines Verbrechens

 Subjekt: (Wer oder was beruht auf der Aufdeckung der
   Tat?) Detektivromane
 Präpositionalobjekt: (Worauf beruhen Detektivromane?)
   auf der Aufdeckung der Tat

 Subjekt: (Wer oder was begleitet einen Detektiv?) der Leser
 Akkusativobjekt: (Wen oder was begleitet der Leser?)
   einen cleveren Detektiv oder eine schlaue Detektivin

 Subjekt: (Wer oder was wurde dem Detektiv erteilt?) ein
   Auftrag
 Dativobjekt: (Wem wurde ein Auftrag erteilt?) dem
   Detektiv

 Subjekt: (Wer forscht nach dem Täter?) er
 Präpositionalobjekt: (Wonach forscht er?) nach dem Täter

Seite 35

1 a) und b)
Maskierte Menschen fallen während
des Karnevals nicht auf.   *wann?/adv. Best. d. Zeit*
So auch nicht die drei Männer, die
an Weiberfastnacht   *wann?/adv. Best. d. Zeit*
kurz vor 22 Uhr in der Dotten-   *wann?/adv. Best. d. Zeit,*
dorfer Straße eine Videothek   *wo?/adv. Best. d. Ortes*
betraten. Nach Feiern war dem
Trio aber nicht, was dem Ange-
stellten spätestens dann klar
wurde, als er mit einer Pistole   *womit?/adv. Best. d. Art*
bedroht und Geld gefordert wurde.   *und Weise*
Angesichts dieser Bedrohung   *warum?/adv. Best. d.*
händigte der Mitarbeiter den   *Grundes*
Maskierten mehrere hundert
Euro aus. Darüber hinaus packten
sie zügig einen DVD-Player   *wie?/adv. Best. d. Art und*
und eine Spielekonsole in Ruck-   *Weise*
säcke ein. Schließlich fesselten sie   *wohin?/adv. Best. d. Ortes*
dem Opfer brutal die Hände   *wann?/adv. Best. d. Zeit*
und flüchteten nach Zeugenaus-   *wie?/adv. Best. d. Art und*
sagen in Richtung Marktplatz.   *Weise*
Die Täter sollen etwa 25 Jahre   *wohin?/adv. Best. d. Ortes*
alt und bis zu 1,80 Meter groß
sein. Die Karnevalsmaske des
einen hatte eine Glatze und eine
lange Nase, die des anderen
zeigte einen dunklen Gorilla. Die
Maske des Dritten konnte auf-   *warum?/adv. Best. d.*
grund der schlechten Lichtver-   *Grundes*
hältnisse nicht genau beschrieben   *wie?/adv. Best. d. Art und*
werden. Wegen der lückenhaften   *Weise*
Beschreibung erbittet die Kripo   *warum?/adv. Best. d.*
weitere Hinweise auf die Täter.   *Grundes*

Seite 36

1 *Im Stadtteil Fichtental ist gestern die Aula der Cornelia-*
 Funke-Schule niedergebrannt. Aus noch nicht geklärter
 Ursache war das Feuer am Nachmittag in der Aula
 ausgebrochen. Wegen eines starken Funkenflugs konnte sich
 das Feuer rasch ausbreiten. Noch am Vormittag hatte dort
 eine Feier mit mehr als 600 Gästen stattgefunden. Eine
 weithin sichtbare Rauchsäule wälzte sich am Himmel in Rich-
 tung Kiefernbusch. Per Durchsage wurden die Anwohner
 nachdrücklich aufgefordert, Türen und Fenster geschlossen zu
 halten.

2 *in der Nacht zu Mittwoch – wann? adv. Best. d. Zeit*
 mit großer Sorgfalt – wie? adv. Best. d. Art und Weise
 noch in der Nacht – wann? adv. Best. d. Zeit
 gestern in den frühen Morgenstunden – wann? adv. Best. d.
  Zeit
 gegen 15 Uhr – wann? adv. Best. d. Zeit
 in der Nähe der Schule – wo? adv. Best. d. Ortes

Seite 37

3 a) *Die Stadt Hamburg beschäftigt seit einiger Zeit bei ihrer*
   Stadtreinigung Müll-Detektive wegen verbotener
   Müllentsorgung. Einige Bürger und Bürgerinnen laden
   ihren Hausmüll nach Partys aus Kostengründen in
   Containern am Stadtrand ab. Für größere Hausmüll-
   tonnen oder den Kauf von besonderen Müllsäcken wollen
   sie kein Geld ausgeben. Diese Art der Abfallentsorgung ist
   illegal, d. h., sie steht unter Strafe. Die Müll-Fahnder
   suchen in den Containern Beweise, um die Täter zu
   überführen. In glücklichen Fällen finden sie einen
   Adressaufkleber oder Briefkopf. Manchmal gibt es auch
   Zeugen, die aus Weitsicht ein Autokennzeichen aufge-
   schrieben haben. Meistens wird der Hausmüll mit einem
   privaten Pkw zu den Abladestellen transportiert. Die
   Müll-Detektive machen mit ihrer Digitalkamera Beweisfo-
   tos. Sie suchen die möglichen Übeltäter auf und stellen sie
   wegen der Verdachtsgründe zur Rede. Die Fahnder
   erwarten, dass alles abgestritten wird. Viele behaupten
   dreist, es sei nicht ihr Müll. Oder sie sagen treuherzig, aus
   reiner Unwissenheit hätten sie den Müll dort abgeladen.
   Häufig liegen genug Beweise vor, sodass der Umweltsün-
   der umgehend eine hohe Rechnung bekommt.

 b) *Adverbiale Bestimmung der Zeit: Seit einiger Zeit; nach*
    Partys; Manchmal; Meistens; Häufig; umgehend
  Adverbiale Bestimmung des Ortes: bei ihrer
    Stadtreinigung; in Containern am Stadtrand; in den
    Containern; zu den Abladestellen; dort
  Adverbiale Bestimmung des Grundes: wegen verbotener
    Müllentsorgung; aus Kostengründen; In glücklichen
    Fällen; aus Weitsicht; wegen der Verdachtsgründe; aus
    reiner Unwissenheit
  Adverbiale Bestimmung der Art und Weise: mit einem pri-
    vaten Pkw; mit ihrer Digitalkamera; dreist; treuherzig

4 a) *Einige Bürger und Bürgerinnen laden ihren Hausmüll ab.*
 b) *(mögliche Lösung) Einige Bürger und Bürgerinnen laden*
   ihren Hausmüll stündlich aus Angst vor Ungeziefer
   einfach in Nachbars Garten ab.

Seite 38

5
Wo gibt es seit einigen Jahren verschiedene Wertstofftonnen?
 in vielen Städten = adverbiale Bestimmung des Ortes/
 Wortgruppe mit Präposition
Warum wird Müll getrennt?
 aus Gründen des Umweltschutzes = adverbiale
 Bestimmung des Grundes/Wortgruppe mit Präposition
Wo kann man die Termine für die Sperrmüllabfuhr nachlesen?
 im Abfallplaner = adverbiale Bestimmung des Ortes/
 Wortgruppe mit Präposition
Wann dürfen Weihnachtsbäume am Straßenrand bereitge-
 stellt werden?
 morgens am Abfuhrtag = adverbiale Bestimmung der
 Zeit/Wortgruppe mit Präposition
Wo dürfen Weihnachtsbäume bereitgestellt werden?
 am Straßenrand = adverbiale Bestimmung des Ortes/
 Wortgruppe mit Präposition
Wann werden die Weihnachtsbäume abgeholt?
 im Januar, am Tag der Bioabfuhr = adverbiale
 Bestimmung der Zeit/Wortgruppe mit Präposition

6
a) Umweltschutz – <u>deshalb</u> Mülltrennung, <u>lieber</u>
 Müllvermeidung!
 <u>Probeweise</u> solltest du so viel Müll vermeiden, <u>wie es eben
 geht</u>. <u>Sonst</u> werden die Müllgebühren <u>weiter</u> steigen und
 die Müllberge anwachsen. Du kannst dein Pausenbrot <u>in
 Brotdosen</u> mit in die Schule nehmen. Getränke können <u>in
 wiederverwendbare Trinkgefäße</u> abgefüllt werden. Papier
 solltest du möglichst <u>auf beiden Seiten</u> beschriften und es <u>in
 die blauen Tonnen</u> entsorgen, <u>damit es wiederverwendet
 werden kann</u>. Hast du weitere Ideen? <u>Wo größere
 Mülldeponien geplant sind</u>, können dann <u>vielleicht</u> Parkan-
 lagen gebaut werden.
b) **Wortgruppe mit Präposition:** in Brotdosen, in die
 Schule, in wiederverwendbare Trinkgefäße, auf beiden
 Seiten, in die blauen Tonnen
 Adverb: deshalb, lieber, probeweise, sonst, weiter,
 vielleicht
 Adverbialsatz: wie es eben geht, damit es wiederverwendet werden kann, wo größere Mülldeponien geplant sind

Seite 39

1
purer Neid, Habgier ohne Grenzen, Kummer aus Liebe,
Schulden in Millionenhöhe, erbitterte Rache, furchtbare
Verzweiflung, krankhafte Eifersucht, waghalsige Mutprobe

2
a) und b) mögliche Schlagzeilen:

Brandstiftung aus purem Neid

Raub wegen Schulden in Millionenhöhe

Krankhafte Eifersucht endete mit Totschlag

Unglaubliche Entführung! Motiv: Grenzenlose Habgier

Unfall mit Folgen: Körperverletzung

Erpressung in Millionenhöhe

Seite 40

3
Coole Sonnenbrillen mit Nachtsichtfilter

Hohe Markenrabatte für Detektivlehrlinge

Antiblockiersystem (ABS) mit elektronischer Bremskraftver-
teilung (EBS)

Schärfste Bilder in höchster Qualität

Multifunktionales Schlüsselset in handlicher Ausführung

Ausgefallene Bekleidung für jede Art der Beschattung

4
Beispiele für werbewirksame Attribute:
Handliches Handy mit Nachtbeleuchtung
Superkleine Taschenlampe mit gigantischer Reichweite
Clevere Armbanduhr mit Weltzeitanzeiger
Unauffällige Webcam für zeitgemäßes Beschatten
Rasanter Sportwagen mit ausklappbaren Schwimmflügeln
Federleichte Lederkappe mit Bleischutzmantel
Handschuhe aus Giftschlangenleder mit Giftzähnen

Seite 41

5
Adjektivattribut:
langweiligen, großer, x-beliebige, rätselhafter, brisante,
spektakulärer, dreiste, heiße

präpositionales Attribut:
am Observieren, im hellgrauen Anzug

Genitivattribut:
des Falles, der Diebe, Berlins, einer Entführung,
der Öffentlichkeit, der Räuber, eines Filmteams,
der Schuhputzjungen, des Überfalls

Apposition:
den Meisterdetektiv, die beiden Freunde

Seite 42

6
a) und b) Saskia, Torben, Nana und Stummel, **vier
 Schülerzeitungsredakteure,** sind ziemlich frustriert.
 Ziemlich frustriert sind Saskia, Torben, Nana und
 Stummel, **vier Schülerzeitungsredakteure.**
 Vier Schülerzeitungsredakteure, Saskia, Torben, Nana
 und Stummel, sind ziemlich frustriert.
 Die Apposition **vier Schülerzeitungsredakteure** gehört
 zu den Bezugswörtern Saskia, Torben, Nana und
 Stummel.
 Sie ist Teil des Subjekts des Satzes: Wer oder was ist/sind
 ziemlich frustriert? Saskia, Torben, Nana und Stummel,
 vier Schülerzeitungsredakteure

 Kaum einer kauft das **interessante** Blatt.
 Das **interessante** Blatt kauft kaum einer.
 Das Adjektivattribut **interessante** gehört zum
 Bezugswort das ... Blatt
 Es ist Teil des Akkusativobjektes des Satzes: Wen oder was
 kauft kaum einer? Das interessante Blatt

*Bald bekommen die vier **größere** Sorgen.*
*Die vier bekommen bald **größere** Sorgen.*
***Größere** Sorgen bekommen die vier bald.*
*Das Adjektivattribut **größere** gehört zum Bezugswort*
Sorgen. Es ist Teil des Akkusativobjektes des Satzes: Wen
oder was bekommen die vier bald? größere Sorgen

*Jemand erpresst Stummel, **den Kleinsten von ihnen.***
*Stummel, **den Kleinsten von ihnen,** erpresst jemand.*
Das Attribut ist als Apposition eingeschoben und Teil des
Akkusativobjektes.
Wen oder was erpresst jemand? Stummel, den Kleinsten
von ihnen

*Sie misstrauen **dem plötzlichen** Interesse **eines Mitschü**
***lers** an der Zeitung.*
*Dem **plötzlichen** Interesse eines **Mitschülers** an der*
Zeitung misstrauen sie.
Adjektivattribut: plötzlichen; Genitivattribut: eines
Mitschülers; Präposition mit Nomen: an der Zeitung
Alle drei Attribute sind Teile des Dativobjekts des Satzes.
Wem misstrauen sie? dem plötzlichen Interesse eines
Mitschülers an der Zeitung

Seite 43

7 a) *unterstrichen = Attribut, **fett** = adverbiale Bestimmung*
„Rattenzahn" – der Kurierdienst auf Inline-Skates – liefert
***schnell, prompt** und **zuverlässig** verzwickte Lösungen*
bei abenteuerlichen Einsätzen. Mit von der Partie sind
Mischa, leidenschaftlicher Schlagzeugspieler, Lars, der auf
Action aus ist, Tasse, die mit Papis leistungsfähigem Com
*puter **souverän** umgehen kann, und nicht zuletzt Tina.*
Unter ihrem T-Shirt hat es sich die weiße Kapuzinerratte
*Watson **gemütlich** eingerichtet.*
Die „Rattenzähne" geraten in die üblen Fänge von
jugendlichen Handtaschenräubern, aus denen sie sich
***witzig** und **mutig** und zum Teil mit waghalsigen*
Manövern auf Rollen befreien können.

Fahrerflucht! – Die Rattenzähne wollen den Täter
*entlarven. **Tiefer** und **tiefer** verstricken sie sich dabei in die*
Szene der Crashkids und Autodealer. Bevor der Schuldige
***clever** überführt werden kann, nehmen Tasse und Tina*
***unfreiwillig** an einer lebensgefährlichen Verfolgungsjagd*
teil. Wie ist diese wahnsinnige Fahrt zu stoppen?

b) ***Adj. als Attribut mit Bezugswort:** verzwickte Lösungen,*
abenteuerlichen Einsätzen, leidenschaftlicher Schlagzeug
spieler, leistungsfähigem Computer, weiße Kapuzinerratte,
üblen Fänge, jugendlichen Handtaschenräubern,
waghalsigen Manövern, lebensgefährlichen Verfolgungs
jagd, wahnsinnige Fahrt
***Adj. als adverbiale Bestimmung:** schnell, prompt,*
zuverlässig, souverän, gemütlich, witzig, mutig, tiefer,
tiefer, clever, unfreiwillig

Seite 44

1 *Alfred Hitchcock (1899–1980) drehte zunächst Stummfilme,* |
später machte er Tonfilme in England. Ab den 40er-Jahren
arbeitete er auch in Hollywood | ***und** seit 1952 experimentierte*
er mit Farbfilmen. Seine Spezialität waren psychologische
Kriminalfälle, | *zu seinen filmischen Meisterwerken gehören:*
„Vertigo", „Psycho" und „Die Vögel". Hitchcock galt auch als
Spaßvogel, | ***denn** in vielen seiner Filme ist er irgendwann*
einmal ganz kurz als Statist zu sehen.

2 *Für Erwachsene drehte Hitchcock Thriller **und** für junge*
Leser/-innen erschienen unter seinem Namen spannende
Kriminalromane.
Im Mittelpunkt stehen drei unternehmungslustige Jungen:
*Justus, Peter und Bob, **denn** sie gründen ein Detektivbüro mit*
dem Firmenzeichen: ???
Justus erklärt den Gebrauch des Zeichens: Wenn sich jemand
*an einem bestimmten Ort befindet **und** dem anderen das*
*mitteilen möchte, **dann** malt er einfach mit Kreide ein*
Fragezeichen.
Justus verwendet immer weiße Kreide, Bob benutzt blaue
*Kreide **und** Peters Kreidefarbe ist rot.*
Das Fragezeichen wird im Sprachgebrauch für eine Frage
*gesetzt, **aber/doch** es steht für die Jungen auch für ein*
ungelöstes Rätsel.

Seite 45

1 *unterstrichen = Personalform des Verbs im Hauptsatz,*
gestrichelt = Personalform des Verbs im Nebensatz
***fett** = Konjunktion bzw. Relativpronomen*

Es gibt keine 3000 Jahre alte Mumie, | ***die** flüstert.*
Justus, Peter und Bob sind davon überzeugt, | ***dass** es das*
geben kann.
Die Mumie befindet sich bei Professor Yarborough, | ***der** als*
Ägyptologe arbeitet.
Er bat die ägyptische Regierung, | ***dass** sie ihm die Mumie für*
Studienzwecke überlässt.
Nun erlebt er etwas Geheimnisvolles, | ***weil** sie in seiner*
*Gegenwart immer zu flüstern beginnt. **Wenn** der Professor*
allerdings jemanden als Ohrenzeugen einlädt, | *bleibt die*
*Mumie stumm. **Da** ihn jeder Erwachsene für verrückt*
erklären würde, | *kann er weder die Polizei noch einen*
Privatdetektiv beauftragen. Hitchcock, | ***der** als Ratgeber in*
die Geschichte hineingeschrieben wurde, | *empfiehlt ihm die*
drei ???. Allerdings stellt sich ein weiteres Problem, | ***weil** auf*
der Mumie ein Fluch lastet. Der Butler des Professors,
Wilkins, | *warnt die Jungen vor diesem Fluch,* | ***da** er schon*
einigen Menschen auf ihrer Ägypten-Expedition den Tod
gebracht habe. Jeden, | ***der** die Ruhe Ra-Orkons stört,* | *ergreift*
*eine fremde Macht. **Obwohl** die Jungen von diesem Fluch*
wissen, | *wollen sie den Fall übernehmen.*
Yarborough glaubt nicht an Flüche oder böse Geister, | ***da** er*
als Wissenschaftler eine vernünftige Erklärung sucht.

2 *Jeden, der die Ruhe Ra-Orkons stört, ergreift eine fremde Macht.*
—HS—, ——NS——, ———HS———.

Obwohl die Jungen von diesem Fluch wissen, wollen sie den
————NS————, ———HS———
Fall übernehmen.
——HS——.

Yarborough glaubt nicht an Flüche oder böse Geister, da er als
————HS————, —NS
Wissenschaftler eine vernünftige Erklärung sucht.
————NS————.

Seite 46

1 „Kriminalroman" ist eine Bezeichnung für längere Erzähltexte, **die** auf Verbrechen und deren Aufklärung zentriert sind. Der Kriminalroman, **der** meist den Leser zum Mitwisser macht, ist vom Detektivroman zu unterscheiden, **welcher** erst auf die Entdeckung des Täters und des Tatgeschehens abzielt. Im Vordergrund steht zum Beispiel das Verschwinden einer Person, **die** der Detektiv nun aufspüren soll, oder ein Morddrätsel, **das** er lösen soll. Außerdem gibt es eine Gruppe von Menschen, **die** die Rolle als Opfer, Täter, Verdächtige oder Zeugen einnehmen.

2 Ein Kriminalroman erinnert an die Arbeit eines Wissenschaftlers, **die logisch aufgebaut ist.**
Zuerst werden Fakten notiert, **die klar und sichtbar sind.**
Im Flur liegt der Butler, **der erschossen worden ist.**
Als Erstes werden die Arbeitshypothesen aufgestellt, **die zu den Fakten passen:** Wie könnte es gewesen sein?
Anschließend müssen diese Überlegungen, **die anfänglich einleuchtend waren,** überprüft werden.

Seite 47

1 a) und b)
Nachdem Sir Arthur Conan Doyle erfolglos als Arzt praktiziert hatte, begann er zu schreiben. **Als** er als Schriftsteller arbeitete, verfasste er auch eine Reihe von Detektiverzählungen. Doyle erfand den Privatdetektiv Sherlock Holmes mit seinem Gehilfen Dr. Watson, **damit** seine Erzählungen besonders spannend wurden. **Wenn** Holmes auf den Fall angesetzt wird, hat der Täter schon verloren. **Da** er clever, beinahe genial bei seiner Aufdeckung vorgeht, ist Holmes für den Leser/die Leserin interessant. Seine Kleidung ist auffällig, **weil** er oft eine karierte Mütze und einen karierten Mantel mit passendem Schal trägt. Außerdem raucht er häufig Pfeife, **wenn** er nachdenken muss.

2 Als Sir Charles Baskerville plötzlich gestorben ist, sind seine Freunde beunruhigt.
Dr. Mortimer wendet sich an Sherlock Holmes, weil es einige mysteriöse Umstände gibt.
Als Dr. Mortimer Holmes besucht, übergibt er ihm ein altes Manuskript.
Dort steht: Sir Hugo von Baskerville – ein Vorfahre des Toten – sei ein gefürchteter Mann gewesen, weil er eine wilde Art hatte.
Nachdem er eine Bauerntochter auf sein Anwesen entführt hatte, gab es ein großes Trinkgelage.
Das Mädchen floh, weil es Angst hatte, und rannte in Richtung Moor.
Nachdem/als Sir Hugo sein Fehlen entdeckt hatte, machte er sich auf die Suche.
Nachdem/als einige Zeit vergangen war, fanden Männer beide tot im Moor.
Weil es dunkel war, konnten sie nur schwach ein Furcht erregendes Tier erkennen.

Seite 48

1   **alle:**
☐ Dativobjekt
☐ adv. Best. des Grundes
☒ Subjekt

Die Metzgerei an der Ecke:
☐ adv. Best. des Ortes
☒ Subjekt
☐ Akkusativobjekt

die Bäckerei:
☒ Subjekt
☐ Attribut
☐ Dativobjekt

2 1. Satzreihe: Hauptsatz, Hauptsatz
—— HS ——, —— HS ——.
2. Satzgefüge: Hauptsatz, Nebensatz
—— HS ——,
└—— NS ——.

3 mein Kindermädchen: Subjekt/Wer oder was führte mich?
An diesem Tag: adverbiale Bestimmung der Zeit/Wann?
dort: adverbiale Bestimmung des Ortes/Wo?

4 Schließlich tauchte doch ein kleiner (1) Junge auf, wir spielten schön (2) an der Wippe. Dieser kleine (1) Junge hatte offenbar ein großes (1) Problem. Er konnte nicht richtig (2) sprechen. Er brabbelte nur. Immer, wenn er diese seltsamen (1) Blubberlaute von sich gab, lächelte ich taktvoll (2) und tat, als würde ich ihn verstehen. Ich wollte ihn nicht verlegen (2) machen. Nachdem er wieder gegangen war, stürmte ich zu meinem Kindermädchen und sagte: „Hast du diesen armen (1) kleinen (1) Jungen gesehen? Er hat einen Hirnschaden! Er macht immer nur diese komischen (1) Geräusche." „Dummes (1) Mädchen", entgegnete sie, „er hat englisch gesprochen."

Seite 49

1 Der Name Europa stammt nicht aus dem Christentum, **sondern** er ist eine Erfindung der Griechen.
Der Dichter Hesiod verwendete als Erster diese Bezeichnung, er lebte um 700 vor Christus.
Niemand kennt die Bedeutung des Namens, **denn** schon der griechische Geschichtsschreiber Herodot hatte vergeblich danach geforscht, **jedoch** gibt es eine Sage.

2 nebenordnende Konjunktionen: und, sowohl … als auch
entgegensetzende Konjunktionen: aber, doch, sondern

3 Der Sage nach lebte in Tyros an der asiatischen Mittelmeerküste (heute Libanon) eine Prinzessin namens Europa. Eines Nachts hatte Europa einen Traum: Zwei Länder stritten sich um sie, das eine Land nannte sich „Asien"(,) und das andere hieß „das Land gegenüber". Beide erschienen ihr im Traum als Frauengestalten, Frau „Land gegenüber" wollte sie auf Befehl des Göttervaters Zeus aufs Meer hinausziehen. Am nächsten Morgen ging die Prinzessin ans Meer(,) und aus dem Wasser stieg plötzlich ein Stier. Aber die Prinzessin erschrak nicht, denn der Stier sah nicht nur friedlich aus, sondern er lud sie auch ein, sich auf seinen Rücken zu setzen. Sie nahm die Einladung an(,) und daraufhin flog er mit ihr über das Meer zur Insel Kreta. Der Stier war in Wirklichkeit Zeus, er hatte sich nur verwandelt, denn er liebte schöne junge Frauen und verführte sie gern. So auch Europa, sie wurde der Sage nach Mutter vieler Söhne.

Seite 50

4 eingeschobener Nebensatz = **fett**
vorangestellter Nebensatz = <u>unterstrichen</u>
nachgestellter Nebensatz = gerade

*Die Besonderheit des Kontinents Europa liegt zunächst in der Geografie: Es ist der zweitkleinste. Selbst in der Zeit, **als es noch keine Eisenbahn und kein Flugzeug gab**, konnte man relativ schnell von einem Ende Europas zum anderen reisen. In der Antike konnte ein römischer Heerführer, **der zu Fuß oder zu Pferde von Rom fortzog**, während seiner Laufbahn mehrere Feldzüge in Gallien (dem heutigen Frankreich), Germanien (dem Westen des heutigen Deutschland), in Spanien und sogar in Britannien (dem heutigen Großbritannien) führen. <u>Da die Gebirge nicht sehr hoch sind</u>, waren diese leicht zu überqueren. Viele Flüsse und Ströme wie die Donau und der Rhein, **die noch heute zu den wichtigen Wasserstraßen gehören**, ließen sich auch früher schon gut befahren. Zu den natürlichen Verkehrswegen kommen noch die Straßen, die die Menschen im Laufe der Geschichte geschaffen haben. <u>Nachdem auch noch Schnellverbindungen durch Autobahnnetze und Hochgeschwindigkeitszüge entstanden sind</u>, kann man als Reisender bequem den Kontinent Europa erkunden.*

5 *a) und b)*
Konjunktionen = gerade
*Relativpronomen = **fett***
Personalform des Verbs = <u>unterstrichen</u>

*Europa ist das westliche Ende des riesigen Kontinents Eurasien, **das** nur durch das Mittelmeer von Afrika getrennt <u>ist</u>. Europa und Asien haben sich gegenseitig beeinflusst, sodass manche Wissenschaftler von einer indogermanischen oder indoeuropäischen Kultur <u>sprechen</u>. Manche mittelalterlichen Verserzählungen und einige Fabeln sind Nacherzählungen indischer Geschichten, **die** dort sehr beliebt <u>waren</u>. Kaum jemand weiß, dass viele Wörter in europäischen Sprachen aus Asien <u>stammen</u>. Aus dem Persischen, dem Türkischen und dem Arabischen stammen Wörter wie Algebra, Diwan und Alkoven, **deren** Bedeutung du in einem Fremdwörterbuch nachschlagen <u>kannst</u>.*

Seite 51

6 *a) und b) Bis zum 20. Jahrhundert waren die meisten Europäer Bauern <u>und</u> Landbewohner. Aber bereits im Mittelalter entwickelten sich zahlreiche Städte: Die bedeutendsten waren Sitz von Königen <u>und</u> von Fürsten <u>und</u> von deren Verwaltung. Dort befanden sich auch die Zentren wirtschaftlicher Aktivitäten mit Handwerkern, Märkten <u>und</u> Messen; zum Beispiel die Messen in Leipzig, Frankfurt am Main <u>oder</u> in der Champagne im 12. <u>und</u> 13. Jahrhundert. Ein neuer Beruf tauchte auf: die Händler, deren reichste Vertreter in ganz Europa <u>sowie</u> in Asien <u>und</u> Afrika Handel trieben <u>und</u> die gleichzeitig auch Bankiers waren. Die mächtigsten von ihnen waren Italiener (Florentiner, Genuesen <u>und</u> Venezianer) <u>sowie</u> Flamen <u>und</u> Deutsche, die sich in einer großen Handelsvereinigung zusammengeschlossen hatten: Das war die Hanse von London <u>und</u> Brügge, von Antwerpen, Hamburg, Lübeck, Danzig <u>und</u> Riga.*

7 *Die Städte waren auch kulturelle Zentren. Sie gründeten Schulen, in denen vor allem Bürgerkinder Lesen, Schreiben und Rechnen lernten. In manchen Städten riefen Lehrer- und Schülervereinigungen Schulen für höhere Bildung ins Leben: die ersten Universitäten.*
Die beiden berühmtesten waren Bologna für das Studium der Rechte und Paris für die Theologie. In Salerno und in Montpellier wurde auch Medizin unterrichtet. Weitere Gründungen erfolgten in Großbritannien (Cambridge, Oxford), Spanien (Salamanca), Portugal (Coimbra), Böhmen (Prag), Polen (Krakau), Österreich (Wien) und Deutschland (Heidelberg). Die Studenten und ihre Lehrmeister, die in ganz Europa von einer Universität zur anderen reisten, bewirkten eine Flut handgeschriebener Bücher. (...)

Seite 52

8 *„Heute kommt Besuch", <u>freut sich die Mutter.</u> „Oh jehhhhhh", <u>mault Jule,</u> „wer ist es denn? Doch hoffentlich nicht wieder deine blöde Freundin aus Düsseldorf." Jule verzieht schon mal das Gesicht. Ihre Mutter meint etwas erzürnt: „Jule, ich rede auch nicht so abfällig über deine Freundinnen. Also bitte!" „Das heißt, die Tussi kommt also", <u>schlussfolgert Jule und wirft sich auf den nächsten Sessel. Mutter grinst:</u> „Falsch! Aber am liebsten würde ich ‚die Tussi', wie du sie nennst, noch rasch einladen." Jule räkelt sich auf dem Sessel, ganz erleichtert, dass sie mit ihrer Vermutung falschgelegen hat. „Wer kommt denn nun?", <u>will sie nun wissen.</u> „Deine Patentante aus Amerika", <u>antwortet die Mutter und fügt knapp hinzu,</u> „du kannst schon mal deine Englischkenntnisse auffrischen! Und dein Zimmer BITTE aufräumen." „Okay, I do what you want."*

9 *Tatsächlich zieht Jule los und holt den Staubsauger. „Habe ich da ein Zauberwort gesagt?", meint grinsend die Mutter. Aber Jule reagiert gar nicht, sondern bemerkt stattdessen: „Ich glaube, ich sollte auch mal mein Fenster putzen. Das hat es echt nötig." „Das hast du doch noch nie geputzt", wundert sich die Mutter, „aber wenn du unbedingt willst, ich gebe dir gern das Reinigungsmittel." „Nicht nötig, ich weiß, was man am besten nimmt", kontert Jule. Geschäftig rumort sie in der Kammer mit den Putzmitteln. Dennoch fragt die Mutter: „Kann ich dir helfen?" „Nöööö ... danke ...", tönt es dumpf aus der Kammer. Auf einmal hört sie einen Schrei. „Jule!", ruft sie. Die Mutter ahnt Schlimmes. Da liegt Jule auf dem Boden. Die Mutter schaut besorgt und stellt fest: „Tja, die meisten Unfälle passieren im Haushalt. Ich rufe den Notarzt."*
Zwei Tage später kommt Jules Patentante sie im Krankenhaus besuchen „Oh dear, you're a poor girl!", bedauert sie Jule. Aber Jule geht es schon ganz gut, nur ihr rechtes Bein ist dick eingegipst und sie meint tapfer: „I am fine! How are you?"

Seite 53

1 a) und b) „Komm doch rein", <u>fordert Jörg seinen Freund auf.</u>
„Ach nee, lieber nicht", <u>meint Karsten,</u> „ich habe ganz
dreckige Füße." – „Das macht doch nichts. Du kannst ja
deine Schuhe anbehalten."
Heiko hat zum Geburtstag einen jungen Hund geschenkt
bekommen. Als er ihn an der Leine spazieren führt, trifft er
Stefan. <u>Der meint:</u> „Das ist aber noch ein kleines Tier! Ziehst
du ihn groß?" „Nein", <u>widerspricht Heiko,</u> „ich lass ihn
wachsen!"
Ein Polizist hält Reinhard an und <u>sagt:</u> „An deinem Rad
brennt die Lampe nicht. Du musst absteigen!" – „Hab ich
schon versucht", <u>meint Reinhard,</u> „aber dann brennt sie
auch nicht."

2 Teilsätze in einer Satzreihe (Hauptsatz + Hauptsatz) werden
durch Komma abgetrennt.
Vor entgegensetzenden Konjunktionen steht immer ein
Komma, wie z. B. „aber", „dennoch".
Vor nebenordnenden Konjunktionen, z. B. „und", „oder", kann
ein Komma stehen.

3 Nachdem es geregnet hatte, war der Schäferhund pudelnass.
Hunde, die bellen, beißen nicht, manchmal tun sie es aber doch.
Die beiden Nachbarskinder sind wie Hund und Katz, weil sie
sich beim Spielen beschimpfen.
Bei dem Wetter schickt man keinen Hund vor die Tür, nur
Wildschweine wühlen im Matsch.

4 **Erklärung für die Kommas 1/2:**
☐ Ein Nebensatz mit einer entgegenstellenden Konjunktion
muss vom Hauptsatz durch Komma abgetrennt werden.
☐ In einer Satzreihe werden die Teilsätze durch Komma
voneinander abgetrennt.
☒ Ein eingeschobener Relativsatz wird durch Kommas vom
Hauptsatz abgetrennt.

Erklärung für die Kommas 3/4/5:
☐ Gleichrangige Nebensätze werden vom Hauptsatz durch
Kommas abgetrennt.
☒ Wörter oder Wortgruppen in Aufzählungen werden durch
Kommas abgetrennt.
☐ Vor nebenordnenden Konjunktionen kann zur Verdeutli-
chung jeweils ein Komma gesetzt werden.

Seite 54

1 Aktivformen und die dazugehörigen Subjekte = <u>unterstrichen</u>
Passivformen = **fett**

<u>Hast du</u> schon einmal etwas vom Erfinder der Glasharfe gehört?
Schon vor Jahrhunderten **wurde** Musik auf einer Glasharfe
gemacht. Das erste Instrument **wurde** im Jahr 1762 **gebaut,**
und zwar von dem Erfinder Benjamin Franklin. <u>Er montierte</u>
Glasschalen auf einer Welle, <u>die sich dadurch drehten.</u> Die
Schalen **wurden** dann mit feuchten Fingern **berührt,** sodass
<u>Töne entstanden.</u> Dieses Instrument **wurde** als Glasharmoni-
ka **bezeichnet.** <u>Wolfgang Amadeus Mozart schrieb</u> sogar
eigens ein Stück für sie: das Adagio und Rondo für Glashar-
monika, Flöte, Oboe, Bratsche und Cello (Werkverzeichnis:
KV 617). Aber dann <u>kam die Glasharmonika</u> aus der Mode.

2 Benötigt werden, versetzt werden, werden ... gestellt, wird ...
geschüttet, wird ... benetzt, gegossen wird, gebracht wird,
Werden ... gefüllt, werden ... erzeugt, gespielt werden

Seite 55

3 Die Matheaufgaben werden gelöst.
Der Schreibtisch wird aufgeräumt.
Die Englischvokabeln werden trainiert.
Die dreckigen Fußballschuhe werden geputzt.
Der Vogelkäfig wird gesäubert.
Das Frühlingsgedicht wird auswendig gelernt.

4 Beim Lernen! Vokabeln und Gedichte lernt man besser selber!

Seite 56

1 b) Stefan, am 17. Juni, zwölf Jahre, zu meiner Geburtstags-
feier, am Samstag, dem 19. Juni, zu Hause, den Weg, eine
kleine Skizze, zum Programm, am Kuchenbüfett, eure
magischen Kräfte, zu einer spannenden Zaubervorstel-
lung, einen besonderen Anreiz, der beste Zaubertrick, die
originellste Verkleidung, zum 8. Juni, deine Zusage, Viele
Grüße, dein Manuel

Seite 57

2 Beispiele für Regeln:
2. Beim Üben der Tricks solltest du zur Kontrolle in einen
Spiegel schauen.
3. Regelmäßiges Benutzen von Hilfsmitteln ist empfehlenswert.
4. Das Verraten deiner Tricks vor deren Ausgang ist zu
vermeiden.
5. Schnelles Zaubern ist notwendig.
6. Jedes Vorführen der Zaubertricks sollte mit ruhigen
Bewegungen erfolgen.
7. Passende Musik ist zur Untermalung nützlich.
8. Das Wiederholen von Tricks vor dem gleichen Publikum
ist unklug.
9. Von dem Erklären der Zaubertricks wird dringend
abgeraten.

Seite 58

3 in der Hand halten, mehrere Nadeln stecken, zum
Entzaubern, promptes Platzen, Anlass zum Rätseln,
Anfängliches Kleben, gutes Gelingen des Tricks, nicht
erkennen können, flächendeckendes Bemalen des Ballons, zum
Zerreißen, um die Ohren fliegen, Einzelnes Herausziehen der
Nadeln, die Luft ausgehen

Seite 59

4 a) Beispiele:
viel Außergewöhnliches, etwas Abenteuerliches, genug
Aufregendes, wenig Heiteres, nichts Überraschendes,
manches Neue, nichts Interessantes, alles Bezaubernde,
wenig Unbeschwertes, allerlei Unterhaltsames

b) und c) Beispiele:

Ich wünsche mir eine Zaubershow, in der ich <u>viel</u>
Ungewöhnliches erleben kann.
Am liebsten wären mir Darbietungen, bei denen <u>etwas</u>
Atemberaubendes geboten wird.
<u>Genug</u> Unerwartetes kann eigentlich nie passieren.
Enttäuschend ist eine Zaubershow, die <u>wenig</u> Erheiterndes
zeigt.
<u>Manches</u> Gefällige überzeugt als Trick nicht ewig.
<u>Wenig</u> Langweiliges wäre wünschenswert, damit mir die
Zaubershow gefallen könnte.
Trotz vieler Herausforderungen soll <u>nichts</u> Schlimmes
passieren.
Den Assistenten der Zaubernummern blüht <u>manches</u>
Unbehagliche.
Ich möchte nach dem Besuch der Vorstellung <u>allerlei</u>
Wissenswertes erzählen können.
Fast jedes Erlebnis ist mir recht, aber <u>nichts</u>
Enttäuschendes.

Seite 60

5 1 der Beste, 2 am störendsten, 3 der Schnellste,
4 das Schlimmste, 5 das Schönste, 6 am liebsten

Seite 61

6 Sehr geehrte Frau Lohmann,
wir möchten als SV eine Projektwoche beantragen, die im
zweiten Halbjahr von allen Klassen und Kursen unserer
Schule durchgeführt werden soll. Wir haben in unserer letzten
Versammlung <u>alles Wichtige</u> festgehalten, was für <u>das</u>
<u>Projektlernen</u> spricht:
□ <u>Das Überzeugendste</u> ist, dass die Interessen der Schüler die
   Themen bestimmen.
□ <u>Das Interessante</u> ist, dass die Art des Lernens <u>wenig</u>
   <u>Gewohntes</u> mit sich bringt, da <u>das Arbeiten</u> nicht im
   üblichen Klassenverband stattfindet.
□ <u>Das Lernen</u> in altersgemischten Gruppen kann <u>zum</u>
   <u>Verbessern</u> des Klimas beitragen.
□ Es wird außerdem von Schülern und Schülerinnen <u>kein</u>
   <u>Klagen</u> über Langeweile geben, da selbstständige
   Arbeitsformen alle <u>zum Lernen</u> anregen.
□ <u>Das Beste</u> ist jedoch: Am Ende der Woche liegen Produkte
   <u>zum Präsentieren</u> vor.
Wir hoffen, dass Sie uns unterstützen und den Antrag an die
Schulkonferenz leiten.
Mit freundlichen Grüßen
Maike Wolf (Schülersprecherin)

7

Nomen-signal	nomina-lisierte Verben	nomina-lisierte Adjektive	nomina-lisierte Partizipien
Artikel	das Projekt-lernen das Arbeiten das Lernen	das Interes-sante das Beste	Überzeugendste
Präposition (u. Artikel)	zum Verbessern zum Lernen zum Präsentieren		
Indefinit-pronomen	kein Klagen	alles Wichtige wenig Gewohntes	

Seite 62

8 mit Bedauern, das Durchführen, nicht möglich, beim
Betrachten, viel Unveränderliches, die zahlreichen
Abiturtermine, intensives Arbeiten, nicht zu vergessen,
etwas Angenehmes, das Schlimme, zu schreiben, für
außergewöhnliche Unternehmungen, etwas Neues und
Spannendes, euer Schreiben, alles Gute

Seite 63

1 Beispiele:
Sport treiben, gut sein, Rad fahren, geheim halten,
Rollschuh laufen, laut werden, Freunde treffen,
Gitarre spielen, rot anlaufen, spazieren gehen,
wenig verdienen, Rat holen, schwimmen gehen, Spaß haben

2 Beispiele:
Um gesund zu bleiben, sollte man in seiner Freizeit Sport
treiben.
Man muss nicht unbedingt in vielen Sportarten gut sein.
Denn jeder kann sicherlich bei einer Aktivität Spaß haben.
Im Sommer bietet sich bei schönem Wetter das Schwimmen-
gehen im Freibad an.
Zu jeder Jahreszeit kann man Spaß haben am Rollschuhlau-
fen.
Das Radfahren kann das ganze Jahr über Spaß machen.
Spazieren gehen kann man bei jedem Wetter.
Viele bevorzugen in ihrer Freizeit jedoch das Spielen eines
Instrumentes, z. B. das Gitarrespielen.
Beim Musizieren auf der Straße lässt sich leider nur sehr
wenig verdienen.
Letztendlich kann man bei vielen Freizeitaktivitäten Freunde
treffen.

Seite 64

3 Beispiele:

Infinitiv	**3. Pers. Sg. Präs.**
abrutschen	er rutscht ab
ankommen	sie kommt an
aussetzen	es setzt aus
durchmachen	er macht durch
herunterlassen	sie lässt herunter
losgehen	es geht los
umfallen	er fällt um
zuschauen	sie schaut zu
zurechtlegen	es legt zurecht
zurückfinden	er findet zurück

4 ankommen, durchhalten, machen … durch, wegnehmen, finde … zurecht, nehmen … mit

Seite 65

5 *getrennt geschrieben:* schnell laufen, braun werden, wütend werden, laut rufen, verlegen werden
zusammengeschrieben: schwarzfahren, irreführen, vollenden, feilbieten

6 Beispiele:
Ich muss die Vokabeln dringend wiederholen.
Können wir die Schuhe morgen wieder holen?
Der Verletzte konnte nicht mehr sicher gehen.
Ich muss sichergehen, dass du pünktlich bist.
Der Verkäufer wird dem Kunden den Betrag gutschreiben.
Das Mädchen aus dem zweiten Schuljahr kann sicher gut schreiben.

Seite 66

1 a) Sonne – Wonne – Wanne – Kanne
Kammer – Hammer – Hammel – Himmel
Watte – Matte – Mitte – Bitte

b) Beispiele:
Gestern fiel die Sonne vom Himmel in die Kanne. Die Magd goss Wasser und Sonne aus der Kanne in die Wanne. Die Gräfin stöhnte: „Welche Wonne!"

Michel geht mit dem Hammer in die Kammer. O je, was bedeutet das für den Hammel? Nun, er wird in den Himmel kommen.

In der Mitte einer Matte saß eine Maus. Die Katze packte sie in Watte. Da hatte die Maus eine letzte Bitte: „Friss die Watte, nicht mich!"

2 Pudding – Schrank – zerrt – fallen – schlimm – flüstert – schnell – stolpert – Kühlschrank - Glück – kommt – Griff – Zucker – Pudding – begriffen – ganzen – Zimmer – finden – Hocker – Löffel – ergattern – Kurze – betritt – stinkt – sitzt – Herdplatte

Seite 67

3

			A	K	K	U			
	I	N	S	E	K	T			
		A	K	K	U	S	A	T	I	V
			O	K	T	A	V	E	
M	A	K	K	A	R	O	N	I	
			D	I	A	L	E	K	T
		H	E	K	T	I	K		
A	K	K	O	R	D				
	I	N	T	A	K	T			

Lösungswort: Akkordeon

4 a) und b)
1. Bei großer Hitze versteckt sich unsere Katze im Keller.
2. Sie guckt nur aus ihrer Ecke, wenn man sie mit einem Stück Speck lockt.
3. Vorsichtig kommt erst die Tatze hervor, die den Schatz geschickt packt.
4. Dann sitzt sie da und schmatzt verzückt.
5. Ein Stückchen Speck lässt sie immer übrig und steckt es in eine kleine Ritze.
6. Sie leckt sich die Zunge und denkt wohl verschmitzt: Schmeckt Speck nicht auch Mäusen?

Seite 68

1 Lehrerin, Uhr, Wahrheit, Wahl, wählen, nehmt, zählen, mehr, gewählt

2 Ware, Urzeit, malen, Wal, holen, Name, Trübsal, Bote, wagen, beten, Sage, Dose, Graben, Tube, lesen, tragen

3

N	U	D	E	L	S	I	Z	F	L	A	D	E	N	L	E	Z	A	H	M
R	A	H	M	U	O	M	A	M	R	L	O	H	N	E	N	L	H	O	F
I	N	O	T	E	H	U	H	T	A	T	S	O	O	S	D	O	H	L	E
H	M	E	L	E	N	D	L	O	T	U	E	R	T	E	E	S	E	L	F

langer Vokal ohne h: Elend – Nudel – Note – Tür (Tuer) – so – Fladen – Oma – Lot – Lese – Los – Hof – Not – Tat – Dose
langer Vokal mit h: Rahm – Sohn – Lohn – Zahl – Dohle – zahm

Seite 69

4 **aa:** Saatgut – Tanzsaal – Staatsmann – Briefwaage –
Räucheraal
ee: Kleeblatt – Schneegestöber – Himbeereis –
Meeresstrand – Teesieb
oo: moosgrün – Streichelzoo – Bootsfahrt – Moorwanderung

5 Boot – Haar – Teer – Fee – Waage – leer – Erdbeere

„O", jammerte die Fee Polly Erdbeere, als sie morgens auf die
Waage ging. Sie kämmte ihr Haar, trank ihren Tee leer und
sagte dann leise: „Bald bin ich schwer wie Teer und kann
nicht mehr fliegen. Ach, egal, dann laufe ich eben!"

6 Pärchen (Paar) – Bötchen (Boot) – Härchen (Haar) –
Möhrchen (Möhre) – Bärchen (Bär) – Seelchen (Seele).

Seite 70

7 Dieb – Diele(n) – rieben – dienen – Brief – Tier(e) – Trieb(e) –
Liebe(n) – Biene – fiel – Fieber – nie – Niere(n) – lies –
blies(en) – rief – Riese(n) – Sieb(en) – Bier – die – Lied –
dies(e) – Diesel – tief

8 **wider (linke Scheibe):** widerstreben – Widerstand –
Widerspruch – widersetzen – widerwillig – widerrufen –
widerlegen – Widerhall – widerrechtlich – Widersacher –
widerspenstig – Widerschein
wieder (rechte Scheibe): Wiedervereinigung – Wiedersehen
(oder: wieder sehen) – Wiederbelebung – wiederkommen –
Wiedergeburt – Wiederwahl – Wiedergutmachung –
Wiederbeginn – wiederkehren – wiederkäuen – wiederholen –
wieder finden/auch: wiederfinden

Seite 71

9

	N	I	S	C	H	E		
	B	L	O	N	D	I	N	E
B	E	D	U	I	N	E		
			V	A	M	P	I	R
P	R	I	M	E	L			
M	A	R	I	N	E			
	B	R	I	S	E			
	T	E	R	R	I	N	E	
	I	G	E	L				
	G	A	R	D	I	N	E	
	L	I	D					
F	I	B	E	L				
	M	I	N	E				

Lösungswort: Souvenirladen

10 wie viel – Vieh – ziehst – hier – Die – die – siehst –
ihm – Muttertiere – ihr – Dieb – hier – geschieht – stiehlt –
niemand – Vieh – sie – ziehen – ihre – sie – wie –
wiehernden – flieht – empfiehlt – wir – ihm – gediehen

Seite 72

1 a) Beispiele:
-ass-: Tasse, Masse, Klasse, Fass, nass
-aß-: Maß, Fraß, aß, Straße
-as-: Gras, Nase, Vase, Blase, Ananas
-oss-: Flosse, Gosse, Ross, Geschoss, Boss, Tross
-oß-: Kloß, Soße, Floß, groß
-os-: Dose, Los, Bosheit, Rose, Pose
b) Beispiele:
Die Tasse hat einen Sprung.
Die Straße führt nirgendwo hin.
Der Duft der Ananas steigt in die Nase.
Angst erregend ist die Flosse des Hais.
Der Kloß steckte mir im Halse.
In der Dose sind leckere Erbsen.

Seite 73

2 Losglück – Losen; las – lasen; Los – Lose; Preis – Preise;
Stoß – Stöße; vergaß – vergaßen; Spaß – Späße.

3 a) – c) **Familie Ix**

Herr Ix hat heute mal wieder vergessen,
den Salat mit einem Dressing zu **essen**.
Dazu isst er sechs dicke Klöße,
von ziemlicher Größe.
Frau Ix war gestern ziemlich blass,
was sie empfand war Hass.
Frau Ix lässt sich deshalb nicht verdrießen,
sie will ihr Mahl genießen.
Bei Ixens Hund ist die Leine gerissen,
er hat in einen Kloß gebissen.

Seite 74

4 Interesse – Musik – Posaune – Blaskapelle – Festen – große –
Hase – vermissen – deshalb – wissen – reist – Musizieren –
lässt – meist – Fuß – weiß – dass – Haustier – Musik
genießt – presst – Nase – fest – muss – leise – niesen –
missmutig – lässt – Wiese – Gras – fressen – vergisst –
Schüssel – Narzissen – verspeist – genüsslich – Tosen –
Instrumente – dressiert – dass – Applaus – begeistert –
Anwesenden.

5 Nasswasserschlamassel;
Süßemußegrüße: süß – Muße – Gruß;
Riesengroßerüsselküsse: Riese – groß – Rüssel – Kuss;
Bösehasenbisseriss: Böse – Hase – Biss – Riss;
Heißeblassegrießmasse: heiß – blass – Grieß – Masse;
Gräserglasvasen: Gras – Glas – Vasen

Seite 75

1 a) und b) *fliegst – weckst – denkst - ängstige – gewachsen – packst – boxe – wechselst – fängst – mixt – versteckst – fragst*

2

		L	U	C	H	S		
H	A	E	C	K	S	E	L	
		E	X	A	M	E	N	
		R	I	N	G	S		
K	N	I	C	K	S			
E	X	P	L	O	S	I	O	N
		L	I	N	K	S		

Lösungswort: Lexikon

Seite 76

1 *Ring (Ringe); Tank (tanken); trank (tranken); fing (fingen); Prunkstück (prunken); dankte (bedanken); Geschenk (Geschenke); fängt (fangen); schwingt (schwingen)*

2 *Gang – entlangkam – winkten – Gesang – schwenkten – prangte – ging – Kirchenbank – Schrank – trank – bangten – schenkte – dankte*

Seite 77

1 *mensch**lich**es Versagen – freud**ig**es Ereignis – fröh**lich**es Fest – herr**lich**es Wetter – gnäd**ig**es Urteil – großzüg**ig**es Geschenk – lächer**lich**es Benehmen – heil**ig**es Buch – dunst**ig**er Himmel – schrift**lich**er Test*

2 **-ig:** *farbig, pfiffig, eifrig, eisig, matschig, milchig, schmutzig, artig, zügig*
  -lich: *versöhnlich, herzlich, weinerlich, beharrlich, farblich, festlich, beweglich, mündlich, stündlich, kleinlich*
  -isch: *schwedisch, musikalisch, spielerisch, mikroskopisch, irisch, rheinisch*

Seite 78

1 **d:** *Aben**d**/-aben**d**e – Hem**d**/Hem**d**en – Lei**d**/lei**d**en – Grun**d**/Grün**d**e – run**d**/run**d**en (Kern) – wun**d**/wun**d**e*
  t: *bekann**t**/Bekann**t**e – Repor**t**/Repor**t**er – ro**t**/ro**t**en – wei**t**/wei**t**ere*

2 **end-:** *endlos – endgültig – Endspiel – Endergebnis – endlich – Endhaltestelle*
  ent-: *entlang – entgehen – entweder – Entwurf – Entschluss – entzwei – Entwicklung – entlüften*

Seite 79

1 *Vase – Vater – Vogel – Villa – Veilchen – Video*

2 *Felix – Vokabeln – Fenster – Fliegen – Ferne – vielen – Fabrikgelände – Vaters – Faxgerät – Vitrine – Figuren (2 x) – Volksmusik – Violine – Fagott – Fasan – Vetter – Flügel – Visionen – Felix – Völlegefühl – viele – gefuttert – Vielleicht – Verdauungsschläfchen – Vokabeln – versuchen*

Seite 81

1 *fressen – liebsten – Freund – Rücken – Fuß – blieben – fühlte – schwindelig – Fahrt – wieder – Ufer – Sees – Zwischenstopp – sechs Kniebeugen – Hier – still – während – hier – hier wohnt niemand – Gesicht – sah – bisschen – Vielleicht – essen – Magst – mag – finster – zog – Schlitten – isst – vielleicht Blaubeeren – Nüsse – Erdbeeren – tiefen – wächst – Hier – weit – breit – essen – Fisch – rief – schlagen – hängst – Fisch – Vorspeise – nettes – muss – zugeben – Rückweg – still – Fisch – fangen – weglaufen – wehren – fasste – schob – See – rief – weiß – Besseres – lief – Schlitten – kräftig – See – Ideen – Seilchenspringen – famoses – muss*

Seite 82

1 **Lesetraining**

In unserer Familie <u>wäscht</u> keiner gerne den Salat, aber <u>essen</u> mögen wir ihn alle. – <u>In unserer Familie wäscht keiner gerne den Salat</u>, bei euch mag keiner Kartoffel schälen. – In unserer Familie wäscht <u>keiner</u> gerne den Salat, aber <u>jeder</u> muss es einmal übernehmen.

Das Wetter ist <u>schön</u>, aber es ist sehr kalt. – Das Wetter ist schön, aber die <u>Stimmung</u> ist schlecht. – Das Wetter <u>ist</u> schön, soll aber schlechter <u>werden</u>.

<u>Julia liest gerne Gedichte</u>, <u>Udo liest lieber Geschichten</u>. – Julia <u>liest gerne</u> Gedichte, aber sie <u>trägt nicht gerne</u> Gedichte vor. – Julia <u>liest</u> gerne Gedichte, Barbara <u>schreibt</u> gerne welche.

Seite 83

3 c) *Jedes Jahr setzte Großvater vorgezogene Kürbispflanzen in Kompost | und zog große gelbe Kürbisse für den Winter. Der Komposthaufen war auf dem Felde. Durch die Felder schlichen zuweilen redliche Menschen, | wenn man den Worten der Bibel trauen kann: Sie säten nicht | und sie ernteten doch, | und deshalb nächtigte Großvater, | wenn die Kürbisse reiften, | draußen. Er breitete seine blaue Schürze aus, | legte sich hin und schlief im Raingras, | und da er beim Schlafen schnarchte, | waren die Diebe gewarnt.*

Eine Weile ging's gut, | aber Großmutter war noch eifersüchtig. Sie wollte kein Mannsbild, | das nachts „umherzigeunerte". „Denk an den Winter! Denk an dein Rheuma. Ich reib dich nicht ein, | wenn es dich wieder quält. Im Grase liegen – du bist doch kein Rehbock!"

Großvater nahm seine Schürze | und ging zur Großmutter in die Kammer, | doch bevor er das Feld verließ, | nahm er sein Messer | und ritzte in alle Kürbishäute: „Gestohlen bei Kulka."

Die Kürbisse wuchsen. Großvaters Schrift wuchs mit. GESTOHLEN BEI KULKA. Die Diebe umschlichen den Komposthaufen | und ließen die Kürbisse, | wo sie waren. Großvaters Buchstaben wirkten wie Zauberrunen.

Seite 84

2 *Der Text handelt von wichtigen Gesichtspunkten rund um die Atmung.*

3 *Mögliche Überschriften:*
Die Atmung
Frische Luft ist wichtig
Der Mensch braucht Sauerstoff
Wie dicke Luft entsteht

Seite 85

4 *Schlüsselwörter:*
Z. 8–16: Atemfrequenz, Atemzugvolumen, Alter, Tätigkeit, Ruhezustand, Anstrengung
Z. 17–20: Innenräumen, frische Luft, Anstieg des Kohlendioxids, Ermüdungserscheinungen, Konzentrationsschwierigkeiten
Z. 21–30: Anteil von Kohlendioxid, Austausch der Luft, Etagen-Wohnung, anderthalb Stunden, Einfamilienhaus, drei Stunden, doppelte Anzahl von Personen, Lüftungen verdoppeln

5 *Z. 8–16: Abhängigkeit der Atmung von Alter und Tätigkeit*
Z. 17–20: Folgen der schlechten Luft
Z. 21–30: Richtiges Lüften

6

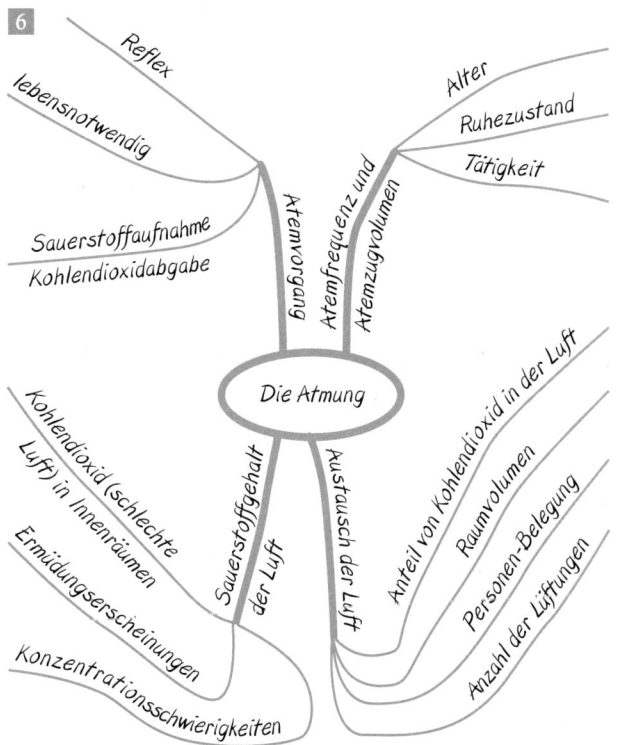

Seite 86

1 *Reflex (Z. 5): Zwang, Verlangen/Ansprechen der Muskeln auf einen Reiz*
Frequenz (Z. 8): Menge in Minuten, Rhythmus/Schwingungs-zahl, Anzahl pro Minute
Volumen (Z. 8, Z. 27): Menge in Größe/Ausdehnung, Rauminhalt

2 *Es hängt von der Größe der Wohnung und der Anzahl der sich dort aufhaltenden Personen ab, wie oft man lüften muss. Bei vier Personen auf 70 m² Fläche empfiehlt sich eine ausgiebige Lüftung alle anderthalb Stunden.*

Seite 88

1 *Balkendiagramm: Abb. 1 („Benötigte Luftmenge pro Minute beim Erwachsenen"): benötigte Luft**menge** bei verschiedenen Tätigkeiten*
*Kurvendiagramm: Abb. 2 („Kohlendioxid in der Luft eines Klassenraums"): **Entwicklung** der Kohlendioxidkonzentration in einem Klassenraum im Laufe eines Schulvormittags*

2 *Die Tabelle stellt dar: **b)** das Verhältnis von Atemfrequenz und eingeatmetem Luftvolumen.*

3 *Balkendiagramm: Z. 14–19, Kurvendiagramm: Z. 20–28, Tabelle: Z. 10–14*

4 *Die Zahl 43 auf dem dritten Balken zeigt an, **dass der erwachsene Mensch beim Schwimmen 43 Liter Luft in der Minute verbraucht.***

Seite 89

5 *Die Abnahme der Kohlendioxidkonzentration im Klassenraum entsteht dadurch, **dass in den großen Pausen und nach Schulschluss gelüftet wird.***

6 *a) In einer Minute atmet ein 10-Jähriger **18- bis 20**-mal ein und aus.*
*Der Wert 500–800 ml gibt an, **welche Luftmenge ein Erwachsener mit einem Atemzug einatmet.***
b) maximal 3000 ml

7

Personenanzahl	Wohnfläche in m²	Zeitabstände des Lüftens
4	*70*	*1,5 Stunden*
4	*140*	*3 Stunden*
8	*70*	*45 Minuten*

Seite 91

1 *c) Es handelt sich um einen informativen Sachtext über neue Forschungsergebnisse zum Tyrannosaurus Rex.*

2 *Beispiele, die Inhalte sollten jedoch genannt sein:*
Z. B.: Z. 1: Untersuchungen belegen: Die Tyrannosaurier waren sehr widerstandsfähig.
Z. 30: Berechnungen zeigen: Der Tyrannosaurus Rex war ein langsamer Läufer.

3 *a) falsch*
b) richtig
c) falsch
d) falsch

4 *Z. 9: „Der 67 Millionen Jahre alte Dino ...": Zumindest der hier beschriebene Dino lebte vor 67 Millionen Jahren.*

5 *Z. 6 f: „Benannt wurde das bisher vollständigste Skelett eines Tyrannosaurus nach seiner Entdeckerin Sue Hendrickson."*

6 *Z. B.: Der Tyrannosaurus Rex konnte nicht so schnell laufen, wie in Filmen behauptet wird. Er hätte für eine Laufgeschwin-digkeit von ca. 45 km/h viel zu lange Beinmuskeln benötigt; ungefähr 99 Prozent des Körpergewichts hätten aus Bein-muskeln bestehen müssen.*

Seite 92

7 *c) Die Saurier konnten einiges aushalten.*

8 *b) genau untersuchen*

9 *d) nehmen an, vgl. Z. 3 ff: „.... Dies vermuten zumindest Forscher, ..."*

10 *Subjekt: 9; Prädikat: 8; Akkusativobjekt: 4; Präpositional-objekt: 3; Attribut: 1, 5, 11; Adverbiale Bestimmung der Zeit: 7; Adverbiale Bestimmung der Art und Weise: 2, 6; Relativsatz: 10*

Seite 93/94

11 *Das Museum gibt freimütig zu, der wissenschaftliche Wert des Ausstellungsstücks **(Genitiv)** halte sich in Grenzen. Der T-Rex, gesteuert von modernster Computertechnik, stammt aus der japanischen Modellbau-Firma Kokoro. Die Ingenieure hoffen, nach dem Londoner Vorbild auch anderen Museen **(Dativ)** Saurier-Roboter **(Akkusativ)** anbieten zu können – derzeit zum Preis von umgerechnet 340 000 Euro. In fünf Jahren, so hoffen die Entwickler **(Nominativ),** werde man noch beweglichere Saurier verkaufen können. Die Tiere der nächsten Generation sollen sich dann völlig frei durch die Räume bewegen können.*

12 *Präsens: gehört*
Präteritum: fraßen
Perfekt: haben ... gefunden
Plusquamperfekt: hatten ... gelitten
Futur 1: wird ... ausstellen

13 b) „Wir müssen die Ausgrabungen an dem gefährlichen
    Abhang fortsetzen", **stellt** die Forscherin **fest**.
   g) „Das schaffen wir doch nie!", **zweifelt** ihr Mitarbeiter.
   i) „Keine Angst, gemeinsam schaffen wir das schon",
    ermuntert die Forscherin ihren Mitarbeiter.

14 **Dino-Sterben: Neue Zweifel an Asteroiden-Theorie**

Britische und kanadische Forscher haben zweifel an der Theorie angemeldet, nach der allein der Einschlag eines Himelskörpers vor 65 Millionen Jahren für das aussterben der Dinosaurier verantwordlich sein soll. Die vom Einschlak ausgelösten Feuerstürme seien nicht starg genug gewesen, eine Weltweite Katastrophe aus zu lösen, schreiben die Forscher im Magazin „Geology".	*Zweifel (Nomen: groß)* *Himmelskörper (kurze Vokale – Konsonantenverdopplung); Aussterben (nominalisiertes Verb: groß); verantwortlich (Ableitung: Verantwortung); Einschlag (Verlängerung: Schläge); stark (Verlängerung: starke) weltweite (Adjektiv: klein) auszulösen (zusammengeschriebenes Verb)*
Ein Krater auf der mexikanischen Halbinsel Yucatan beweist, dass vor runt 65 Millionen Jaren ein Himmelskörper auf der Erde eingeschlagen ist. Über die Auswirkungen sind sich die Fachleude jedoch uneins.	*rund (Verlängerung: runde) Jahren (h nach langem Vokal)* *Fachleute*
Schon 2000 Kilometer vom Krater entfernd habe es keine Brände mehr gegeben, schreiben jetzt die „Geology"-Autoren. Das Forscherteam hatte in Zahlreichen, über ganz Nordamerika verteilten Gesteinsschichten nach kolehaltigen ablagerungen gesucht, die auf verbrante Vegetation hin weisen könnten. Weil sich derartige spuren nicht finden lißen, bezweifeln die Forscher, dass der Einschlag globale Folgen nachsichziehen konnte.	*entfernt (Verlängerung: entfernte)* *zahlreichen (Adjektiv: klein);* *kohlehaltigen (h nach langem Vokal); Ablagerungen(Nomen: groß); verbrannte (Doppelkonsonant); hinweisen (zusammengeschriebenes Verb); Spuren (Nomen: groß); ließen (langer Vokal – ie) nach sich ziehen (auseinander geschriebenes Verb)*

Seite 95

Überprüfe deine Ergebnisse, indem du sie Schritt für Schritt durchgehst. Vielleicht kann dir auch eine Mitschülerin oder ein Mitschüler bei der Beurteilung helfen. Notiere dir zu jedem Bereich, den du als gelungen bewertest, die angegebene Punktzahl.

15 a) ☐ *Passt die Überschrift zu den Oberbegriffen der Tabelle? (2 P.) Beispiele:*
      ■ *Wann lebten die Dinosaurier?*
      ■ *Erdzeitalter und Dinosaurier*
      ■ *Die Entwicklung der Tiere auf der Erde*
   b) ☐ *Ist dein Text übersichtlich gegliedert? (3 P.) Mögliche Zwischenüberschriften zu einzelnen Absätzen:*
      ■ *Die Erdzeitalter*
      ■ *Die Perioden des Erdmittelalters und die Ausbreitung der Dinosaurier*
      ■ *Tiere vor und nach der Ausbreitung der Dinosaurier*
   c) ☐ *Prüfe, ob dein Text alle wichtigen Informationen aus der Tabelle enthält: (10 P., je 2)*
      ■ *Entwicklung der Dinosaurier in drei Stufen*
      ■ *Tiere vor und nach den Dinosauriern*
      ■ *Unterscheidung der Erdzeitalter*
      ■ *Unterscheidung der Perioden*
      ■ *Jahresangaben*
   ☐ *Untersuche, ob du durchgängig sachlich und zum Thema geschrieben hast. (4 P.) Gibt es z. B. Stellen, an denen du eher spannend erzählt oder an denen du vom Thema abschweifst? Unterstreiche solche Stellen gegebenenfalls.*
   ☐ *Hast du die Tempusformen richtig gewählt? (1 P.), z. B. Präsens, wenn du über Dinge informierst, die andauern bzw. immer gelten (wie z. B. die Periode heißt Jura), und Präteritum, wenn du von vergangenen Vorgängen berichtest (wie z. B. die Dinosaurier lebten).*
   ☐ *Rechtschreibung (4 P.) Ist die Rechtschreibung korrekt? Hier kannst du – je nach Anzahl der Fehler – bis zu vier Punkte anrechnen: 0 Fehler = 4 P., bis zu 3 Fehler = 3 P., bis zu 6 Fehler = 2 P., 7 Fehler und mehr = 0 P.*

Beispiellösung:

Wann lebten die Dinosaurier?

Die Erdzeitalter
Die Dinosaurier lebten im Erdmittelalter. Das Erdmittelalter begann vor 250 Millionen Jahren und dauerte bis 65 Millionen Jahre vor unserer Zeit. Davor lag das Erdaltertum und danach folgte die Erdneuzeit.

Die Perioden des Erdmittelalters und die Ausbreitung der Dinosaurier

Das Erdmittelalter wird in drei verschiedene Perioden unterteilt: Die früheste der drei Perioden ist die Trias. Sie reichte von 250 bis 205 Millionen Jahren vor unserer Zeit. Die ersten Dinosaurier wie z. B. der Plateosaurus, aber auch Flugsaurier erschienen in dieser Periode.

Die mittlere der drei Perioden des Erdmittelalters heißt Jura. Sie dauerte von 205 bis 135 Millionen Jahren vor unserer Zeitrechnung. Es war die Hauptzeit der Dinosaurier. Hier lebten Saurier wie der Tyrannosaurus und der Stegosaurus. Im Jura erscheinen auch die ersten Vögel wie z. B. der Archaeopteryx.

In der Kreide, der jüngsten der drei Perioden, die von 135 bis 65 Millionen Jahren vor unserer Zeit liegt, kamen noch neue Dinosaurier wie z. B. der Brontosaurus auf. Am Ende der Kreidezeit starben die Dinosaurier aber aus.

Tiere vor und nach der Ausbreitung der Dinosaurier

Bevor die Dinosaurier sich auf der Erde ausbreiteten, im Erdaltertum vor über 250 Millionen Jahren, gab es Leben vor allem im Wasser, z. B. Haie und Quastenflosser. Auf dem Land lebten in dieser Zeit nur Insekten und Reptilien. Nach dem Aussterben der Dinosaurier, in der Erdneuzeit, die von 65 Millionen Jahren vor unserer Zeit bis heute reicht, breiteten sich die Säugetiere auf der Erde aus.

Punkteverteilung

Nr.	Aufgabenstellung	erreichbare Punkte	erreichte Punkte
A 1	Textsorte / Thema	3 Punkte für das richtig gesetzte Kreuz	
A 2	Überschriften zu den Abschnitten	4 (je zwei Punkte für eine treffende Überschrift)	
A 3	Richtig oder falsch?	2 Punkte für das richtig gesetzte Kreuz	
A 4	Textaussage, vermutete Lebenszeit des T-Rex	1 Punkt für die richtige Textstelle	
A 5	Name „Sue"	1 Punkt für die richtige Textstelle	
A 6	Bewegungsfähigkeit des T-Rex	3 Punkte für die richtige Antwort	
A 7	Wortbedeutung	2 Punkte für das richtig gesetzte Kreuz	
A 8	Wortbedeutung	2 Punkte für das richtig gesetzte Kreuz	
A 9	Wortfeld	2 Punkte für das richtig gesetzte Kreuz	
B 10	Satzglieder, Attribute und Nebensätze	11 (je richtig eingesetzte Ziffer: ein Punkt)	
B 11	Lückentext: Nomen und Kasus	4 (je $^1/_2$ Punkt für die richtig gefüllte Lücke/Klammer)	
B 12	Tempus	5 (je ein Punkt für jede richtige Form)	
B 13	Redeeinleitung, Wortfeld sagen	6 (je zwei Punkte für das richtig gesetzte Kreuz)	
C 14	Rechtschreibung	10 (je entdecktem Fehler: $^1/_2$ Punkt)	
D 15	Sachtext	24 (Verteilung: siehe Hinweise im Lösungsteil)	
	Summe	**80**	

Bewertungsschlüssel:

80–55 Punkte
Du liegst im guten bis sehr guten Bereich.
Vielleicht siehst du dir aber trotzdem noch einmal die Stellen an, an denen du dich noch verbessern kannst.

54–30 Punkte
Einiges gelingt dir recht gut, manches musst du aber noch einmal üben.
Versuche anhand des Testes Fehlerschwerpunkte zu entdecken, damit du gezielt wiederholen kannst.

29–0 Punkte
Du musst vieles wiederholen und gründlich üben.
Überlege gemeinsam mit deinen Eltern oder deinem Lehrer/ deiner Lehrerin, wo besondere Fehlerschwerpunkte liegen und wie du vorgehen kannst, um dich zu verbessern.